Der König kommt

...und baut sein Reich

Benjamin Berger

Der König kommt

...und baut sein Reich

Benjamin Berger

Verlag echad

Farbstiftzeichnung von Benjamin Berger, Jerusalem

Erklärungen des Autors zum Titelbild

Auf dem Titelbild sehen wir «den Löwen von Juda», den Messias. Er hat den Tod, die Sünde und den Teufel überwunden. Er ist der Mächtige, der König aller Könige, den wir in Offenbarung, Kapitel 5, 5 sehen. Als Sieger ist er König, Bräutigam, Prophet und Hohepriester.

Auf dem Bild sehen wir, dass er die doppelte Salbung bekommt. Er wird gesalbt mit dem reinen goldenen Öl, sowie dem Öl, das man im Tempel für den Leuchter (Menorah) benutzt hat. Hier auf dem Bild bekommt er die Fülle der messianischen Salbung.

Die Strahlen sind die Ausstrahlung seiner gewaltigen Herrlichkeit. Die drei Worte die man zur Rechten, zur Linken und unten sieht, heißen «*Kodesh Israel Layahveh*». Das bedeutet: «*Israel, heilig für den Herrn*». Sie stehen in Jeremia 2, 3. Im messianischen Reich, in dem Jeschua auf dem Thron Davids sitzen wird, wird dieses Wort ganz in Erfüllung kommen.

Auf den zwei Ölbäumen sehen wir zwei Worte eingraviert «*Jeschua Ha-Maschiach*». Sie bedeuten «*Jesus der Messias*» und erinnern an die zwei Cherubine, die auf dem Sühnedeckel der Bundeslade standen.

Die Verse unter dem Löwen kommen aus Psalm 72. Dieser Psalm beschreibt seine Ankunft und die Aufrichtung seines Tausendjährigen Messianischen Reiches. Es sind die Verse 7–11 und 15–20.

In seinen Tagen wird der Gerechte blühen, und Fülle von Heil wird sein, bis der Mond nicht mehr ist. Und er möge herrschen von Meer zu Meer und vom Strom bis an die Enden der Erde. Vor ihm sollen sich beugen die Bewohner der Wüste, und seine Feinde sollen den Staub lecken. Die Könige von Tarsis und den Inseln sollen Geschenke bringen, es sollen Tribute entrichten die Könige von Scheba und Saba. Und alle Könige sollen vor ihm niederfallen, alle Nationen ihm dienen.

Und er soll leben, und von dem Golde Schebas wird man ihm geben; und man soll beständig für ihn beten, den ganzen Tag ihn segnen. Überfluss an Getreide soll im Land sein; auf dem Gipfel der Berge soll es wogen; wie der Libanon sei seine Frucht; sie sollen hervorblühen aus der Stadt wie das Kraut der Erde. Sein Name soll ewig sein; vor der Sonne soll aufsprossen sein Name; und in ihm wird man sich segnen; alle Nationen sollen ihn glücklich preisen. Gepriesen sei Gott, der HERR, der Gott Israels. Er tut Wunder, er allein! Und gepriesen sei sein herrlicher Name in Ewigkeit! Seine Herrlichkeit erfülle die ganze Erde! Amen, ja Amen.

Jetzt sind die Gebete Davids, des Sohnes Isais, zu Ende. Der König David schließt diesen Psalm mit einem doppelten Amen (Amen ja Amen) und mit seiner Unterschrift. Hier enden seine Gebete. Er hat den König und sein kommendes Reich gesehen.

Amen und Amen
Benjamin Berger

Zum Buch

Im November 2011 veranstaltete der Verein «Gemeindehilfe Israel» ein mehrtägiges Seminar über «das Reich Gottes, das ist, das war und das kommt» mit dem Bibellehrer Benjamin Berger. Er und sein Bruder Ruben sind Gemeindeleiter der messianischen «Gemeinde des Lammes auf dem Berg Zion» in der Altstadt von Jerusalem. Auf mehrfachen Wunsch wurden die Ton-Aufzeichnungen des Seminars mit einigen Ergänzungen des Autors für die Buchausgabe bearbeitet, wobei selbstverständlich Wert darauf gelegt wurde, dass Inhalt, Charakter und Sprachstil der Botschaft bewahrt bleiben. Die Bibelzitate stammen, wenn nichts anderes vermerkt ist, aus der Rev. Elberfelder Bibel 1992 oder 2006.

Impressum

echad-Verlag, Siegfried Schmid, Postfach, CH-3125 Toffen
Tel. u. Fax: +41 (0)31 819 49 35
www.echad.ch
info@echad.ch

1. Auflage: November 2012
ISBN 978-3-905518-13-9

Autor: Benjamin Berger, Jerusalem
Textfassung: Doris Held, Ravensburg
Umschlagbild: Benjamin Berger
Umschlaggestaltung und Layout: Matthieu Jordi, www.mj-design.ch
Druck: Schönbach-Druck, GmbH, D-Erzhausen

Inhaltsverzeichnis

Vorwort

Zum ersten Mal in meinem Leben reiste ich im Januar 1990 nach Israel. Zwei Monate zuvor war die Mauer gefallen und Tausende russischer Juden fingen an nach Israel auszuwandern. Ein Dammbruch nach einem jahrzehntelangen Ausreiseverbot. Anlass meiner Reise war die jährliche internationale Fürbittekonferenz im damaligen Holyland Hotel an der Peripherie Jerusalems. Alles war für mich neu: das Land, die Stadt, die Referenten, die Themen, die Teilnehmer.

Im Konferenzprogramm war ein Besuch der Christ Church in der Jerusalemer Altstadt eingeplant. Benjamin Berger sprach zu uns über die Gemeinde. Er war mit seinem Bruder 1987 aus Nordisrael nach Jerusalem umgezogen, um eine messianische Gemeinde aufzubauen. Wer hätte damals gedacht, dass auch ich einmal mit meiner Frau nach Israel umziehen und Glied einer messianisch-jüdischen Gemeinde sein würde.

Seither bin ich den Bergerbrüdern (Benjamin und Ruben) immer wieder begegnet, in Gottesdiensten, auf Konferenzen, in Zusammenkünften mit arabischen Christen oder mit Christen aus den traditionellen Kirchen. Ihr Auftrag ist sehr speziell: Sie leben zölibatär in einer Gesellschaft, in der die Familie einen hohen Stellenwert hat. Berührungsängste gegenüber Andersgläubigen kennen sie kaum. Sie sind gefragte Konferenzredner und kompetente Gesprächspartner mit Kirchenvertretern, die sich für die messianische Bewegung interessieren. Eindrücklich ist ihre lebendige Beziehung zum Wort Gottes.

Für Benjamin Berger ist die Bibel **ein** Buch in zwei Bänden. Oft fangen seine Predigten bei 1. Mose an und hören bei der Offenbarung auf. Es sind die grossen Themen die ihn beschäftigen. Es geht beim neuen Buch ums Reich Gottes und um den

Kampf zwischen diesem Reich und dem Reich der Finsternis. Dieser Kampf nimmt an Intensität zu. Im Buch werden Beispiele genannt: der gegenwärtige Generalangriff auf die Schöpfungsordnung und die Familie. Oder der Kampf eines katholischen Geistlichen zwischen Loyalität gegenüber seiner Kirche und seinen persönlichen Überzeugungen.

Benjamin Berger ist ein profilierter Vertreter der messianischen Bewegung, eine Stimme, die im Reich Gottes während Jahrhunderten beinahe völlig fehlte, eine Brücke zwischen dem traditionellen Judentum und der Nationenkirche. Das griechische Testament sowie die Person und das Werk von Jeschua HaMaschiach kann man in der Tiefe nur durch eine gründliche Kenntnis des hebräischen Testaments und der jüdischen Kultur und Denkweise verstehen. Benjamin Berger hat uns einen Weg zu diesem Verständnis gezeigt.

Thomas Wiesmann,
nach 12 Jahren in Jerusalem
heute Brückenbauer Schweiz – Israel

Einleitung

Das Buch begeistert, ergreift, inspiriert, schenkt eine neue Perspektive aus dem Wort und Herzen Gottes. Es öffnet Wege der Erkenntnis, wo wir gar nicht wussten, dass es Wege gibt. Es verbindet mächtige göttliche Gedanken mit geschichtlichen Ereignissen und führt vom 1. Mosebuch auf Gottes unvergleichlichen, schöpferischen Wegen der Gnade durch die Wirren der menschlichen Geschichte hin zur Freude der zukünftigen Hochzeit des Lammes – immer mit der Genialität der Wahrheit, einfach und mächtig.

Als Gott für sein Volk Israel am Ende des Babylonischen Exils die Gefängnistüren öffnete, zerschlug er *«die ehernen Türen und zerbrach die eisernen Riegel.»* (Jes. 45, 2) Im vorliegenden Buch empfindet der Leser wieder, dass uralte «eherne Türen und eiserne Riegel» zerschlagen werden, damit das ganze Volk Gottes – Juden und Heiden – in die von Gott geplante Freiheit und Einheit hineinkommen können. Wo Juden und Christen, die beiden entzweiten Brüder mehr als ein Jahrtausend ferne voneinander waren, schenkt der Autor eine Sicht der Wiederherstellung aufgrund des Wortes Gottes. Als Christen können wir nun zu unserem älteren Bruder Israel hinüberschauen, den wir so lange nicht verstanden haben, aber dem wir uns jetzt so nahe und verbunden fühlen. Gottes Wort und Geist verbindet uns. Das Alte und Neue Testament wird zu einer lebendigen Einheit. Das Leben aus den uralten Quellen des Wortes Gottes ermutigt, erfrischt und erfüllt den Leser mit neuem Mut und Glauben.

Bewegend ist es festzustellen, dass das Buch nicht nur die Beschreibung einer Vision ist, sondern selbst zu einem Mittel in Gottes Hand wird, das sein Volk aufzurichten, zu stärken, miteinander zu verbinden und auf das Ziel auszurichten vermag. Wie ist das möglich?

Die persönliche Lebensgeschichte des Buchautors ist eine Botschaft der Wiederherstellung, die im Buch wie ein Lobpreis der Freude über den Sieg der Erlösung mitklingt. Was er persönlich erlebte, wird das ganze Volk Gottes ergreifen und im Prozess der Umgestaltung erfahren.

Er gehört zu den *«Verjagten Israels und den Zerstreuten Judas»* (Jes 11, 22), die der Herr dabei ist, von den vier Enden der Erde zu sammeln und wieder in ihr Land einzupflanzen. Er ist Nachkomme einer jüdischen Familie, die im Holocaust fast ganz ausgelöscht wurde. Aufgewachsen als ein treuer orthodoxer Jude, bekam er aber immer stärkere Zweifel an diesem Gott. Gab es ihn überhaupt? Da war die Einsicht, dass diese grauenhaften Dinge im Holocaust geschehen sind, aber der Himmel nicht eingegriffen hat. Er verlor seinen Glauben und sein Lebensfundament, weshalb er aus der Synagoge austrat. Zwar war er ein Mensch mit Liebe zur Wahrheit, aber er war sich nicht mehr sicher, ob es überhaupt eine absolute Wahrheit gibt. So lebte er in geistlicher Dunkelheit.

Eines Tages jedoch kam er nach der Arbeit nach Hause und hatte wieder diese Unruhe in sich. Es war ihm ganz klar, dass er keinen Glauben im Herzen hatte, und er fühlte, dass er ohne Glauben auf einen sehr düsteren Weg zusteuerte. Da spürte er die Gegenwart einer unsichtbaren Persönlichkeit im Raum und hörte die Stimme des Herrn, an dessen Existenz er nicht mehr geglaubt hatte: «Ich bin der Gott Abrahams, der Gott Isaaks und der Gott Jakobs, und ich bin dein Gott. Dein Leben ist vor mir wie ein aufgeschlagenes Buch. Meinen Augen ist nichts verborgen.» Er hatte eine Gottesbegegnung, die ihn überwältigte, mit einer tiefen inneren Freude erfüllte und sein Leben von Grund auf verwandelte. Er erkannte, dass der Gegenwärtige die Wahrheit selbst ist und spürte die Gegenwart seiner Liebe, die von einer anderen Welt kam. Das war die Liebe, die in der Tat nicht von dieser Welt ist. Es war der Anfang seiner Wiederherstellung durch den Messias, Jeschua HaMaschiach.

Gott berief ihn später dazu, als messianischer Jude in Deutschland zu dienen, wo doch gerade die Deutschen das unermesslich große Leid über sein Volk und seine Familie gebracht hatten und er ursprünglich seinen Fuß niemals auf deutschen Boden setzen wollte. Er konnte den Deutschen vergeben, und Gott pflanzte sogar eine Liebe zu diesem Volk in sein Herz. *«Ihr (die Menschen) gedachtet es böse mit mir zu machen, aber Gott gedachte es gut zu machen.»* (1. Mose 50, 20). Benjamin wurde schließlich zu einer Brücke zwischen Israel und der Gemeinde Jesu in den Nationen.

Noch einmal wurden «eherne Türen zerschlagen und eiserne Riegel zerbrochen», als der uralte göttliche Auftrag der Priester des Alten Bundes in ihm, einem Nachkommen Aarons, wieder auflebte zusammen mit dem priesterlichen Auftrag des Neuen Testaments: *«Des Priesters Lippen sollen die Lehre bewahren, dass man aus seinem Munde Weisung suche, denn er ist ein Bote des Herrn Zebaoth»* (Maleachi 2, 7). Diese Bevollmächtigung und tiefe Prägung von der Wahrheit und Liebe Gottes berührt den Leser, und der Heilige Geist setzt sein Werk auch in ihm fort. Gottes unvergleichliche Wege.

Doris Held, Ravensburg

1. «Erschaffen aus dem allerniedrigsten Element, nämlich der Erde, aber im allerhöchsten Bild, dem Bilde Gottes»

Wenn wir die Bibel richtig lesen und auch verstehen, erkennen wir, dass wir in einem gewaltigen geistlichen Kampf stehen. Der geistliche Kampf ist eines der Hauptthemen der ganzen Bibel. Dieser Kampf wird zwischen zwei Reichen ausgetragen, dem Reich Gottes und dem Reich dieser Welt, und hat mit Gott und Satan zu tun. Deshalb ist das Thema vom Reich Gottes so wichtig, dass wir uns mit ihm beschäftigen und in der Tiefe verstehen und auch zutiefst begreifen, wo wir heute stehen. Der Kampf ist in jeder Generation etwas anders, wird jedoch zunehmend stärker und erreicht am Ende seinen Höhepunkt im Krieg zwischen Jeschua und dem Antichrist. Deshalb ist es ratsam, dass unsere Studien schon ganz am Anfang im 1. Mosebuch einsetzen, weil Gott bei der Erschaffung der Welt manche Gedanken in seinem Herzen hatte, die er in dieser Schöpfung verwirklicht sehen wollte.

Wir beten als Gläubige in dem Gebet, das Jesus uns gegeben hat: «Dein Reich komme, dein Wille geschehe wie im Himmel so auf Erden.» Wenn wir ein wenig nachdenken, wird uns bewusst, dass dies ganz gewaltige Bitten sind, selbst wenn wir sie schon oft gebetet haben und natürlich auswendig kennen. Wir müssen uns vergegenwärtigen, was es bedeutet, dass der Wille Gottes geschehen soll. Zuletzt wird der Wille Gottes auch tatsächlich verwirklicht «wie im Himmel so auch auf Erden.» Aber es ist ein langer Weg dahin. Ich denke immer, dass der Weg so lange ist, weil wir Menschen ihn nicht in Gehorsam, Liebe und Treue mit Gott gegangen sind. Ich erinnere mich dabei an die

Israeliten, die aus Ägypten auszogen. Nach dem Plan Gottes sollte ihr Weg durch die Wüste etwa nur drei Monate dauern. Sie aber vertrauten Gott nicht und rebellierten. Schließlich gaben auch noch die ins Gelobte Land ausgesandten Kundschafter – mit Ausnahme von Josua und Kaleb – einen schlechten Bericht ab, sodass das Gericht Gottes über das Volk kam und sie vierzig Jahre in der Wüste bleiben mussten. Ich denke, wir können die Geschichte der Kirche oder der Gemeinde Jesu mit der Geschichte Israels vergleichen. Deshalb ist der Weg so lang.

Nun wollen wir das Thema in der Tiefe betrachten, um zu verstehen, was Gott schon ganz am Anfang in seinem Herzen hatte, und weil er es immer noch in seinem Herzen trägt. Was sein Plan am Anfang war, wird in Erfüllung kommen, sogar auf eine noch viel herrlichere Weise, als ursprünglich vorgesehen. Deshalb wollen wir mit unseren Überlegungen ganz am Anfang beginnen.

1. Mose 1, 26–31

Und Gott sprach: Lasst uns Menschen machen in unserm Bild, uns ähnlich! Sie sollen herrschen über die Fische des Meeres und über die Vögel des Himmels und über das Vieh und über die ganze Erde und über alle Tiere, die auf der Erde kriechen! Und Gott schuf den Menschen nach seinem Bild, nach dem Bild Gottes schuf er ihn; als Mann und Frau schuf er sie. Und Gott segnete sie, und Gott sprach zu ihnen: Seid fruchtbar und vermehrt euch, und füllt die Erde, und macht sie euch untertan; und herrscht über die Fische des Meeres und über die Vögel des Himmels und über alle Tiere, die sich auf der Erde regen!

Und Gott sprach: Siehe, ich habe euch alles samentragende Kraut gegeben, das auf der Fläche der ganzen Erde ist, und jeden Baum, an dem samentragende Baumfrucht ist: es soll euch zur Nahrung dienen; aber allen Tieren der Erde und allen Vögeln des Himmels und allem, was sich auf der Erde regt, in dem eine lebende Seele ist, habe ich alles grüne Kraut zur Speise gegeben. Und es geschah so. Und Gott sah alles, was er gemacht hatte, und siehe, es war sehr gut. Und es wurde Abend, und es wurde Morgen: der sechste Tag.»

Nachdem Gott die verschiedenen Pflanzen und Tiere hervorgebracht hatte, erschuf er zum Schluss den Menschen als Krone seiner Schöpfung. Das Wichtige in diesem biblischen Bericht ist, dass Gott mit jemand redete. Als an Jesus Gläubige sind wir überzeugt, dass Gott mit dem Sohn sprach, denn z. B. im Kolosserbrief Kapitel 1, Vers 16 steht, dass alles durch den Sohn geschaffen wurde. Im bereits oben zitierten Vers von 1. Mose 1, 26 lesen wir: *«Gott sprach: Lasst uns Menschen machen in unserm Bild, uns ähnlich.»* Im folgenden Vers 27 wird der Vollzug berichtet: *«Und Gott schuf den Menschen nach seinem Bild, nach dem Bild Gottes schuf er ihn; als Mann und Frau schuf er sie.»*

Es ist etwas ganz Gewaltiges, wenn wir ein wenig darüber nachdenken, was es bedeutet, dass wir als Menschen im Bilde Gottes geschaffen sind – obwohl wir eine gefallene Schöpfung sind. Aus diesem Grund können wir überhaupt eine Beziehung zu Gott haben, eine Beziehung der Liebe, in der wir ihn «lieber Vater» nennen. Er ist ein unendlich großer Gott, wenn wir nur ein wenig über den Kosmos, die Planeten und die unermesslich großen Galaxien mit ihren unzählbaren Sternen nachdenken. So fangen wir an, ein wenig zu begreifen, wie groß dieser Gott ist, der dies alles schuf. Nun denken wir über uns Menschen nach. Wir sind so klein. Andererseits ist Gott aber in Jesus Christus Mensch geworden. Im Glauben können wir es irgendwie annehmen, aber nicht mit unserem Verstand begreifen, dass dieser unendlich große Gott ein winziger Mensch geworden ist, in dem jedoch die Fülle Gottes gewohnt hat. Der Heilige Geist bezeugt es in uns, aber es übersteigt unser Denkvermögen, doch wissen wir, dass es die Wahrheit ist. Gott ist im Allergrößten und im Allerkleinsten, wenn wir z. B. an die kleinsten Bausteine, die Atome, denken, denen Gott auch ihre Form und Konstruktion gab.

Das ganz Gewaltige ist jedoch, dass wir Menschen im Bilde Gottes geschaffen sind. In dieser Tatsache liegt der Kampf, den wir heute ganz deutlich sehen und erfahren können. Ich denke, man konnte ihn in allen Generationen erkennen, aber in unserer Generation ist es ganz deutlich, in der alles ausreift. Der Kampf tobt um das Bild Gottes in uns Gläubigen und um das Bild Satans in der Menschheit. Wir sehen so viele Ereignisse, Bilder, Filme, Berichte, die zeigen, dass die Menschen Satan immer ähnlicher werden, ganz besonders die jüngere Generation. Wir stehen in dem Kampf, speziell in der Gemeinde Gottes, dass wir in sein Bild verwandelt werden. Dieser Kampf ist schon seit dem Anfang der Zeit im Gange und dauert bis zum Ende dieser Weltzeit.

Sicher stellen wir immer wieder die Frage: Warum gibt es überhaupt diesen Kampf? Warum ist das Böse in diese Schöpfung eingedrungen, wo Gott doch sagte: «Es ist sehr gut» – nicht nur «gut»? Das bleibt ein Geheimnis. Wir können manches erklären, wie z. B., dass Satan durch seinen Hochmut gefallen und später in den Garten Eden gekommen ist und den Menschen versucht hat. Wir können dies dennoch nicht ganz begreifen, wenn wir uns vor Augen halten, was das Böse in der Geschichte schon angerichtet hat und in der Zukunft noch anrichten wird. Wir können es nicht verstehen, aber es gehört zur Wirklichkeit und wir müssen es hinnehmen, dass es so ist.

Dass Gott den Menschen in seinem Bilde schuf, bedeutet, dass der Mensch eine Beziehung zu Gott hatte. Im 1. Mosebuch sehen wir, dass der Mensch zunächst eine ungebrochene Beziehung zu Gott hatte. Durch diese Beziehung wollte Gott in Liebe in dieser Welt herrschen und König sein. Gott gab dem Menschen auch eine Vollmacht, sodass die ganze Schöpfung dem

Menschen untertan war. Wie sah das Leben damals aus? Das ist eine wichtige Frage, weil vor dem Sündenfall alles anders war, als wir es heute kennen. Das bedeutet, dass der Mensch herrschte, aber nicht mit jener Macht und Gewalt, die er heute ausübt, sondern durch den Geist Gottes. Die ganze Schöpfung war durch eine liebevolle Beziehung miteinander verbunden. Den Bruch, den wir heute kennen, gab es nicht. Denken wir zum Beispiel an die unerwartete Begegnung eines Menschen mit einem wilden Tier. Das Tier flieht entweder oder greift den Menschen an. Das gab es am Anfang nicht, weil die Beziehung ganz anders war. Es herrschte eine vollkommene Harmonie in der Schöpfung.

Es war Gottes Wille, mit Adam etwas Neues auf dieser Erde anzufangen, die er geschaffen hatte. Er wollte, dass sein Reich auf diese Erde kommt. Gott gab Adam die Verantwortung für den Garten Eden. Wir können uns vorstellen, dass die Erde damals weder Unkraut noch Dornen oder Disteln hervorbrachte. Es gab in keinem Bereich der Schöpfung Krankheiten oder Schädlinge. Alles war gesund und lebte in der Fülle und Adam hatte den Auftrag, diesen Garten zu bebauen und zu bewahren. Wir wissen nicht, wie groß der Garten Eden war. Sicherlich war er nicht so ein kleiner Garten, wie wir ihn oft bei Eigenheimen sehen, sondern erstreckte sich über eine große Fläche. Er war, wie gesagt, voller Leben. Das Allerwichtigste war jedoch die Beziehung zwischen Adam und Gott.

1. Mose 2, 8
Und Gott, der HERR, pflanzte einen Garten in Eden im Osten, und er setzte dorthin den Menschen, den er gebildet hatte.

Dieses Wort lesen wir zwar, denken wir aber auch darüber nach? Wir wissen, dass Gott Adam erschuf aus dem allerniedrigsten Material, nämlich der Erde, aber im Bilde Gottes, des

Allerhöchsten. Er nahm also das niedrigste Element, die Erde, und erschuf daraus den Menschen in seinem eigenen Bild. Das ist schon ein Geheimnis. Zu dieser Zeit gab es keinen Tod. Gott schuf den Menschen an einem Ort außerhalb des Gartens und setzte ihn dann in den Garten Eden. Wir können die Frage stellen, warum Gott überhaupt den Garten für den Menschen hervorbrachte. Ich meine, die ganze Schöpfung war ebenso wunderschön wie vollkommen und es lauerte nirgends eine Gefahr. Wir können es uns nur so erklären, dass er es aus Liebe tat. Er wollte dem Menschen das Allerbeste geben. So schuf er einen Garten, einen ganz besonderen Ort für den Menschen, den Ort der Begegnung zwischen Gott und dem Menschen. Darin wuchsen allerlei Bäume, deren Früchte der Mensch und auch die Tiere essen konnten.

Wir erfahren auch, dass die Tiere nur Pflanzen fraßen. Kein Tier jagte, zerriss und fraß ein anderes. Es war also ein ganz anderes Leben, als wir es kennen. Wir lesen auch, dass der Mensch nackt war. Ich stelle mir aber vor, dass der Mensch eigentlich mit der Herrlichkeit Gottes bekleidet war, auch wenn das nicht in der Bibel steht. Ich leite dies aus folgendem Umstand ab: Nach dem Sündenfall entdeckte der Mensch plötzlich, dass er nackt war. Er stellte also fest, dass ihm etwas fehlte, und das war die Herrlichkeit Gottes.

Wie ich schon sagte, bestand eine vollkommene Beziehung der Liebe zwischen Gott und dem Menschen ohne jeden Bruch. Im Neuen Testament lesen wir von der Beziehung zwischen Jesus und dem Vater. Ich stelle mir vor, dass die Beziehung zwischen Gott und Adam am Anfang zwar nicht ganz gleich, aber doch ähnlich war. Der Mensch lebte in jener völlig ungebrochenen Beziehung mit Gott und durch diese Beziehung tat er den Willen Gottes in Gehorsam und Liebe auf dieser Erde. Die Frage, die wir uns stellen müssen, lautet: Wäre der Mensch nicht gefallen, wie wäre das Leben dort weitergegangen? Gott hatte dem Mensch den Auftrag erteilt: «Seid fruchtbar und mehrt euch und füllet die Erde ...!» Sie hätten also Kinder bekommen. Ich denke, der Garten wäre immer größer geworden. Er war sicher schon am Anfang sehr groß und schön, aber wenn mehr Menschen dort lebten, brauchten sie auch mehr Raum.

Der Garten war ein kultivierter Ort und diente hauptsächlich der Gemeinschaft zwischen Gott und Mensch. Ich finde es wichtig, für uns festzuhalten, dass diese Tatsache am Anfang im Herzen Gottes war – die Gemeinschaft der Liebe zwischen ihm und dem Menschen, den er in seinem Bild geschaffen hatte. Durch diese Gemeinschaft und Beziehung sollte sich sein Reich auf der ganzen Erde ausbreiten. Wir haben es mit einem Gott zu tun, der ein König ist. Deshalb wollte er König sein auf dieser Erde und zwar durch den Menschen und in Gemeinschaft mit dem Menschen. Er macht auch uns zu Königen, wenn wir in Gehorsam und Liebe den Weg mit ihm gehen. Es war Gottes Plan, dass sein Reich komme «so wie im Himmel also auch auf Erden», und dieses Reich auf der Erde durch den Menschen inkarniert werden sollte. Wenn wir das verstehen, können wir vieles andere auch begreifen, das wir später in der Bibel lesen. Diese göttliche Lebensordnung zur Zeit des Anfangs gibt uns eine Grundlage, sodass wir biblische Vorgänge und Berichte im Licht der göttlichen Absichten und Wege wahrnehmen können.

Es gibt noch ein Geheimnis hier, und zwar das Geheimnis von Mann und Frau. Wir entnehmen den Versen von 1. Mose 2, 19 und 20, dass Gott die Tiere männlich und weiblich geschaffen hatte. Den Menschen hatte er zunächst nur als Mann geschaffen, wie wir in 1. Mose 2, 20 erfahren. Gott brachte alle Tiere zu Adam, der den Auftrag hatte, ihnen einen Namen zu geben. Weil Adam in einer tiefen Verbindung mit Gott lebte, glaube ich, dass er ihnen nicht einfach irgendwelche schön klingende

Namen gab, sondern dass jeder Name eine Bedeutung hatte, weil er das Wesen jedes Tieres erkannte. Als er diese Aufgabe ausführte, wurde ihm bewusst, dass er selbst alleine war und es kein Gegenüber für ihn gab. Es war Gottes Absicht, dass Adam diese Tatsache selbst wahrnehmen sollte. Darauf schuf Gott die Frau, und zwar aus der Seite des Mannes. Auch hier haben wir es mit einem Geheimnis zu tun, das Paulus im Neuen Testament erkannte. Es ist das Geheimnis von Jesus und seiner Braut. Wir wurden als seine Braut sozusagen aus seiner Seite geschaffen, als der römische Soldat in seine Seite stieß, sodass Blut und Wasser herausfloss. Das ist etwas ganz Einzigartiges. Diese Tatsache verbindet den Tod Jesu mit Adam, der sich in einem tiefen Schlaf befand, als Gott die Frau aus der Rippe Adams erschuf. So sehen wir eine Parallele zwischen der Geburt der Braut Jesu und der Schaffung der ersten Frau, Eva.

2. Die große Tragik des Sündenfalls

Wir lesen vom Sündenfall, jenem furchtbar tragischen Vorgang, den wir noch besser verstehen wollen. Vor dem Sündenfall gab es im Garten Eden keine Lüge. Der Mensch wusste überhaupt nicht, was eine Lüge war. Er kannte nur die Wahrheit. Etwas anderes gab es nicht. Er hörte die Stimme Gottes und was Gott sagte, war immer die Wahrheit. Der Mensch konnte sprechen, was auch ein besonderes Geschenk Gottes an den Menschen war. Ebenso wie Gott redet, kann auch der Mensch reden. Der Mensch sprach auch in Wahrheit. Das bedeutet, dass sein Wort eine Vollmacht hatte, weil das Wort Gottes eine Vollmacht hat. Gott musste nur sprechen: *«Es werde Licht!»* So wurde das Licht aus der Kraft des Wortes Gottes. Wir lesen am Anfang des Johannesevangeliums: *«Das Wort ist Fleisch geworden»*. Auch das ist ein großes Geheimnis. Wie gesagt, gab es im Garten keine Lüge, sondern nur die Wahrheit. Der Mensch hatte sicher die Vollmacht über die Schöpfung durch das Wort, das er sprach, weil er in vollkommener Harmonie mit Gott lebte. Es war etwas ganz Gewaltiges und Herrliches.

Wenn wir nun vom Sündenfall lesen, wird uns bewusst, wie tragisch er ist. Dann stellen wir die Frage, warum wir leiden müssen wegen eines Fehltritts, den Adam damals tat. Dennoch ist der Sündenfall und seine Folgen eine Tatsache, mit der wir leben müssen. Auch ich selbst stelle viele Fragen, muss aber dann immer die Realität konfrontieren und sie akzeptieren, weil die Wirklichkeit einfach so ist. Schließlich komme ich zurück zur Bibel und lerne sie auf diese Weise besser verstehen.

Die Lüge drang durch die Schlange in die Schöpfung ein. Die Schlange stellte Gottes Wort infrage: «Sollte Gott gesagt haben?» Darauf gab die Frau eine Antwort, die auch schon eine Lüge enthielt. Gott habe gesagt, sie sollen die Früchte des Baumes mitten im Garten nicht anrühren und nicht essen. Aber das hatte Gott nicht gesagt, er hatte ihnen nur geboten, sie sollen von diesem einen Baum nicht essen. So wird Gottes Wort und Gottes Wesen durch die Schlange infrage gestellt. Das sehen wir ebenfalls in unserer Welt, jedoch vielleicht auf eine andere Weise, aber Gott wird auch immer infrage gestellt: «Hat Gott diese Welt wirklich in sechs Tagen geschaffen?» Die Evolution antwortet uns: «Nein, überhaupt nicht!» Was bekommen unsere Kinder in der Schule zu hören? Man lehrt sie die Evolution fast als absolute Wahrheit. Aber die Evolution versteht überhaupt nicht, dass es einen absoluten Gott gibt, der nur ein Wort sprechen muss, und es geschieht. In dem Augenblick, in dem man diese Perspektive hat, versteht man, dass die Wirklichkeit ganz anders ist als die meisten denken. Wir Gläubige wissen, dass dieser Gott lebt und diese Vollmacht hat. Auf jeden Fall hörte der Mensch der Schlange zu, und so gelang der Schlange die Versuchung.

Die Frau nahm zuerst von der Frucht, dann gab sie auch ihrem Mann davon. Und plötzlich geschah eine Wende im Menschen. Die ganze Beziehung mit Gott wurde gebrochen. Aber Gott gab die Menschheit nicht auf. Die ganze Geschichte der Menschheit ist ein Weg zurück zu Gott und seinen Zielen.

3. Der Garten, ein Ort des Lebens und der Gemeinschaft

Ich möchte einige Gedanken zum Garten sagen, weil der Garten in der Schrift ein ganz besonderer Ort ist. Wir als Gläubige sind auch in der Schrift, im Hohelied, als ein Garten beschrieben. Es gibt einerseits einen Garten im wörtlichen Sinn, aber der Mensch soll auch ein Garten für Gott sein. Ich möchte aus dem Hohelied einige Verse lesen.

Hohelied 4, 12–5, 1
Ein verschlossener Garten ist meine Schwester, meine Braut, ein verschlossener Born, eine versiegelte Quelle. Was dir entsprosst, ist ein Lustgarten von Granatapfelbäumen samt köstlichen Früchten, Hennasträuchern samt Narden, Narde und Safran, Würzrohr und Zimt samt allerlei Weihrauchgewächsen, Myrrhe und Aloe samt allerbesten Balsamsträuchern. Eine Gartenquelle bist du, ein Brunnen mit fließendem Wasser und Wasser, das vom Libanon strömt. Wach auf, Nordwind, und komm, Südwind! Lass duften meinen Garten, lass strömen seine Balsamöle! Mein Geliebter komme in seinen Garten und esse seine köstlichen Früchte! Ich komme in meinen Garten, meine Schwester, meine Braut. Ich pflücke meine Myrrhe samt meinem Balsam, esse meine Wabe samt meinem Honig, trinke meinen Wein samt meiner Milch.

Im Hohelied spielt der Garten eine ganz besondere Rolle. Vieles geschieht im Garten. Er ist auch wunderschön mit seinen kostbaren Bäumen, Früchten, Sträuchern, Blumen, Düften, Quellen und vielen anderen wunderbaren Dingen. Er ist auch der Ort der Gemeinschaft. Selbst die Braut wird hier als ein Garten beschrieben. Wir sollen ein Garten sein für unseren Herrn. Ich denke, wenn jemand im Garten gearbeitet hat oder seinen eigenen Garten pflegt, so hat dies mit Liebe zu tun. Die schönen Blumen machen uns Freude. Die verschiedenen Farben gefallen uns so gut und dann kommen zu verschiedenen Zeiten unterschiedliche Blumen und Früchte, die unser Herz erfreuen. Ein Garten hat mit Leben, Freude und Schönheit zu tun. Schönheit ist etwas ganz Wichtiges, weil wir es mit einem Gott zu tun haben, der ein Schöpfer ist. Sobald wir die Schöpfung anschauen, staunen wir, wie wunderbar alles gemacht ist. Wenn wir nur ein Blatt eines Baumes genauer betrachten oder eine Blume oder einen Schmetterling, so ist es ein Wunder. Unser Gott ist die Schönheit, und er erschuf auch die Schönheit in unserer Welt.

Er setzte den Menschen in einen Garten hinein, und der Garten war am Anfang so etwas wie ein Heiligtum. Es ist wichtig, das zu verstehen. Auch hier im Hohelied sehen wir, dass der Garten so etwas wie ein Heiligtum ist: «Ich komme in meinen Garten». «Ich treffe dich dort», «wir haben Gemeinschaft in diesem Garten». Und der Garten ist ein Ort des Lebens. Da fließt quellfrisches Wasser und alles ist von Leben erfüllt. Wir haben es mit einem Gott zu tun, der ein Gott des Lebens ist. Er will uns Leben geben. Das hat Jesus gesagt. Wer an ihn glaubt, wird Leben empfangen in Fülle. Das sollen wir als gläubige Menschen auch haben. Der Herr soll in uns leben, sodass wir wirklich erfahren, was die Bedeutung von Leben ist. Dies alles wird im Bild des Gartens dargestellt, was zurückgeht auf den wunderbaren Garten Eden im 1. Mosebuch, in den Gott den Menschen setzte.

4. Die Botschaft der Hoffnung reicht vom Garten bis in den Tempel in Jerusalem

Wenn wir das bisher Gesagte begreifen, können wir auch einen weiteren Gedanken in der Bibel verstehen, der nun mit dem Tempel zu tun hat. Der Zusammenhang ist hier, Gott als König zu erkennen. Er ist König auf eine ganz andere Weise als die Könige dieser Welt. Er herrscht auf eine absolute Weise, die er jedoch ausübt durch Liebe, durch Beziehung, durch seine Heiligkeit, durch Gerechtigkeit, durch Wahrheit, durch Frieden. Dies alles kommt von Gott. Auf diesem Weg herrscht er und will in uns herrschen und in dieser Welt. Das alles gefällt Satan nicht. Er will alle so geschaffenen göttlichen Lebensgefüge und -strukturen mit seiner Macht zerstören. Wir sind jedoch froh zu wissen, dass es ihm letztlich nicht gelingen wird.

1. Könige 6, 28–32
Und er überzog die Cherubim mit Gold. Und alle Wände des Hauses ringsum schnitzte er aus mit Schnitzwerkreliefs von Cherubim und Palmenornamenten und Blumengewinden im Inneren und im Äußeren. Und den Fußboden des Hauses überzog er mit Gold, im Inneren und im Äußeren. Und für den Eingang zum Hinterraum machte er Türflügel aus Ölbaumholz; die Einfassung bildete einen fünffach gestaffelten Türrahmen. Und in die beiden Türflügel aus Ölbaumholz, auf ihnen schnitzte er Schnitzwerk von Cherubim und Palmenornamenten und Blumengewinden und überzog sie mit Gold, und auf die Cherubim und auf die Palmenornamente ließ er das Gold aufhämmern.

Diese Beschreibung des Tempels, den Salomo baute, erinnert uns ein wenig an den Garten Eden. An den Wänden waren Palmbäume und Blumen. Wir wissen auch, dass am oberen Ende der beiden Säulen Jachin und Boas, die am Eingang des Tempels standen, viele Granatäpfel angebracht waren. Der Garten hatte wichtige Aussagen für den Tempel. Als Gott die Menschen aus dem Garten Eden vertrieb, stellte er die Cherubim vor den Baum des Lebens, damit die Menschen keinen Zugang mehr zu ihm hatten.

Im Tempel begegnen wir auch den Cherubim. Im Allerheiligsten befand sich die Bundeslade, auf der zwei goldene Cherubim standen, die sich gegenseitig das Angesicht zuwandten. Außerdem nahmen zwei riesengroße Cherubim mit ausgebreiteten Flügeln entlang der Hinterwand im Allerheiligsten ihren Platz ein. Mit dem äußeren Flügel berührte der eine Cherub die rechte und der andere die linke Seitenwand, während sich in der Mitte die beiden anderen Flügel der Cherubim berührten, sodass die beiden Cherubim die ganze Hinterwand bis zu den Seitenwänden ausfüllten. Trotz der Gegenwart der Cherubim durfte der Hohepriester einmal im Jahr das Allerheiligste betreten. Das bedeutet, dass hier der Anfang für eine Wiedereröffnung des seit dem Sündenfall verschlossenen Wegs festgemacht war. Das Allerheiligste symbolisierte das, was im Garten Eden durch die Cherubim verschlossen wurde, nämlich den Zugang zum Baum des Lebens. Wir lesen im Neuen Bund, dass der Vorhang, der das Allerheiligste vom Heiligtum trennte, von oben bis unten zerriss, als Jesus am Kreuz starb. Das heißt, dass der Weg zum Baum des Lebens wieder ganz aufgeschlossen ist und wir durch die Erlösung wieder Zugang zum Baum des Lebens haben, der uns vorher verschlossen war. Heute, im Neuen Bund, essen wir die Frucht vom Baum des Lebens, wenn wir das Abendmahl feiern und im Glauben durch Wein und Brot seinen Leib und sein Blut empfangen. Das bedeutet, dass wir auf diese Weise durch das Essen und Trinken ein unerschaffenes Leben empfangen.

Wir sehen also, dass es im Plan Gottes eine Kontinuität gibt, die wir verstehen müssen. Ich habe oft bei gläubigen Menschen erlebt, dass sie eine Trennung machen zwischen dem Alten und dem Neuen Testament. Viele Gläubige haben kaum eine Beziehung zum Alten Testament. Sie sehen fast zwei Götter, einen Gott der Rache im Alten Testament und einen Gott der Barmherzigkeit im Neuen Testament. Sie machen eine Trennung. Wenn es auch verschiedene Stufen im Plan Gottes gibt, sehen wir doch in der Bibel, dass es gerade eine Trennung nicht gibt. Gott hat einen Plan, und wenn wir die grundlegenden Elemente dieses Planes anfangen zu verstehen, werden wir erkennen, dass Gott vom Anfang bis zum Ende der Zeit auf dem Weg ist, jenen Plan zu erfüllen, den er schon ganz am Anfang hatte. Es ist wichtig, dass wir die Einheit Gottes erkennen. Wenn wir eine Trennung machen, ist es fast schon schizophren, sodass wir eine Spaltung in Gott selbst machen. Es gibt keine Spaltung in Gott. Wir sagen nicht, dass wir drei Götter anbeten, Vater, Sohn und Heiligen Geist. Wir sagen, wir haben einen Gott. In unserer Gemeinde in Jerusalem fangen wir den Gottesdienst immer an mit dem «Schma Israel Adonai Eloheinu Adonai Echad», übersetzt: *«Höre, Israel, der Herr, unser Gott, ist der Eine»* (5. Mose 6, 4). Und weil er der Eine ist, hat er einen Plan, und die Bibel ist die Offenbarung des einen Plans Gottes.

Die Bibel sagt uns auch, dass er König ist, dass er herrscht und sein Königreich noch in der Fülle auf diese Erde kommen wird. Das ist ein ganz wichtiger Punkt, den die Kirche jedoch nicht verstanden hat. In der Kirchengeschichte sagte insbesondere Augustinus, dass das Tausendjährige Reich, wie es in der Bibel beschrieben sei, nicht kommen werde, weil die Kirche schon das Reich Gottes in der Fülle sei. Diese Aussage ist verkehrt und offenbart einen großen Mangel an Verständnis der Heiligen Schrift. Wenn wir die Geschichte der Kirche lesen und vergleichen mit dem, was die Propheten vom Tausendjährigen Reich gesehen haben, so stellen wir fest, dass es zwei ganz unterschiedliche Konzepte sind. Dies hat seinen Grund darin, dass im Tausendjährigen Reich unser Herr als König herrschen wird.

5. *Das Reich Gottes nimmt auf Erden Gestalt an durch den Einzug des Volkes Israel ins verheißene Land*

Jetzt gehen wir weit zurück in der Heilgeschichte und betrachten die Zeit, als das Volk Israel in sein Land Israel kam. Als Erstes stellen wir fest, dass sie erst nach einer langen Reise am Ziel ankamen und ins verheißene Land einzogen. Das erinnert uns wieder an den Garten Eden. Gott hatte den Adam außerhalb des Gartens erschaffen und ihn dann in den Garten gesetzt. Diese Vorgehensweise wiederholte sich also, als Israel nach dem Auszug aus Ägypten, wo es von einer Familie und Sippe zu einem Volk herangewachsen war, in sein Land kam. Es ist wichtig, diese Verbindung zwischen Israel und dem Garten Eden zu erkennen, weil sie durch die Berufung Israels bis zum Ende dieser Weltzeit besteht. Die Auswirkungen beobachten wir bis zum heutigen Tag. Wenn es um Ereignisse in Israel geht, regen sich alle Nationen über dieses winzige Land auf. Man sagt zum Beispiel: «Wenn es nur Frieden im Nahen Osten gäbe, dann hätten wir Frieden auf der ganzen Welt.» So spüren wir schon, dass es irgendetwas Außergewöhnliches um dieses Land ist, weil Gott es erwählt hat. Und nicht nur das Land, sondern auch dieses Volk hat er erwählt, was dem Volk und Land eine Besonderheit verleiht, die man nicht so leicht erklären kann.

Für uns muss es ganz klar sein, dass der Einzug des Volkes Israel ins Land Israel deshalb erfolgte, weil Gott ihm das Land gab. In diesen Zusammenhang gehört auch das Wissen um den Bund, den Gott mit Abraham gemacht hatte, der heute noch gültig ist und auch im ganzen Tausendjährigen Reich gültig bleiben wird. Schließlich erinnere ich auch an die himmlische Stadt

Jerusalem, von der die Offenbarung berichtet, dass über ihren 12 Eingangstoren die Namen der 12 Stämme Israels geschrieben stehen. Wir sehen auch daran, dass die Geschichte bis zum Ziel in der himmlischen Stadt Jerusalem fortgeführt wird.

Der Einzug ins Land ist ein sehr bedeutsamer Vorgang, den wir verstehen müssen.

Josua 3, 11–16

Siehe, die Lade des Bundes des Herrschers der ganzen Erde zieht vor euch her in den Jordan. Nun denn, nehmt euch zwölf Männer aus den Stämmen Israels, je einen Mann für jeden Stamm! Und es wird geschehen, sobald die Fußsohlen der Priester, die die Lade des HERRN, des Herrn der ganzen Erde, tragen, im Wasser des Jordan stillstehen, wird das Wasser des Jordan, das von oben herabfließende Wasser, abgeschnitten werden, und es wird stehen bleiben wie ein Damm. Und es geschah, als das Volk aus seinen Zelten aufbrach, um über den Jordan zu ziehen – wobei die Priester, die die Bundeslade trugen, vor dem Volk herzogen – und als die Träger der Lade an den Jordan kamen und die Füße der Priester, die die Lade trugen, in das Wasser am Ufer tauchten – der Jordan aber führt in der ganzen Erntezeit Hochwasser – da blieb das von oben herabfließende Wasser stehen. Es richtete sich auf wie ein Damm, sehr fern, bei der Stadt Adam, die bei Zaretan liegt. Und das Wasser, das zum Meer der Steppe, dem Salzmeer, hinabfloss, verlief sich völlig. So zog das Volk hindurch, gegenüber von Jericho.

Wir sehen, dass der Einzug ins Land etwas ganz Besonderes war. Wieder mussten sie durch Wasser gehen. Zu jener Jahreszeit war auch noch Hochwasser. Gott wies die Priester an, die Bundeslade zu tragen. Warum? Die Bundeslade war das Zeugnis, dass Gott einen Bund mit Israel gemacht hatte. In der Bundeslade befanden sich die Zehn Gebote auf den zwei Steintafeln, die zuerst mit dem Finger Gottes beschrieben worden waren. Nachdem Mose die ersten Tafeln zerschmettert hatte, musste er das zweite Mal die Steintafeln selbst zuhauen nach dem Vorbild der ersten. Er musste sie zur Begegnung mit Gott auf den Berg Sinai mitbringen, damit der Herr noch einmal die Worte darauf schreiben konnte, die er schon auf die ersten Tafeln geschrieben hatte. Aufgrund dieses Bundes, der in der Bundeslade bezeugt wurde, kamen sie nun in das Land hinein. Sie kamen nicht einfach in das Land hinein, nein, Gott hatte einen Bund gemacht, und die Priester, die Gott erwählte, mussten vorangehen. Sehr bemerkenswert im oben zitierten Bibeltext ist auch der zweimalige Hinweis auf «die Lade des Bundes des Herrschers der ganzen Erde», worin der Wille und die Autorität Gottes ganz deutlich wird. Die Bundeslade stellte im Alten Testament den Thron Gottes auf Erden dar.

Jeremia 3, 16–17a
Und es wird geschehen, wenn ihr euch im Land vermehrt und fruchtbar seid in jenen Tagen, spricht der HERR, wird man nicht mehr sagen: "Die Bundeslade des HERRN"; und sie wird keinem mehr in den Sinn kommen, und man wird nicht mehr an sie denken noch sie suchen, und sie wird nicht wiederhergestellt werden. In jener Zeit wird man Jerusalem den Thron des HERRN nennen, und alle Nationen werden sich zu ihr versammeln wegen des Namens des HERRN in Jerusalem.

Hier spricht der Prophet zwar von der Zukunft, verbindet jedoch die Bundeslade mit dem Thron Gottes. Das heißt, dass das, was die Bundeslade darstellt, ganz in Erfüllung kommen wird. Deshalb wird man die Bundeslade nicht mehr suchen. Der Grund dafür ist, wie gesagt, dass die Erfüllung schließlich geschieht in Gestalt des Thrones Gottes in Jerusalem. Auf diesem Thron wird ein König sitzen, dessen Name Jeschua ist.

Diese ganzen Zusammenhänge sind gewichtig, wenn wir den Einzug des Volkes Israel ins verheißene Land betrachten. Die Bundeslade ist also das Zeugnis für den Bund, den Gott mit Israel gemacht hat, und auch das prophetische Zeichen für den Thron Gottes. Wir erinnern uns: Als Salomo den Tempel einweihte und die Bundeslade ins Allerheiligste hineinbrachte, kam die Gegenwart Gottes herab und erfüllte den Tempel, sodass die Priester hinausgehen mussten.

Die Priester trugen also beim Einzug ins Land die Bundeslade auf ihren Schultern, und sobald ihre Füße im Wasser des Jordans standen, teilte sich das Wasser, sodass das ganze Volk hindurchgehen konnte. Die Stelle, wo das geschah, liegt in der Nähe von Jericho – das wissen wir – weil sie danach Jericho einnahmen. Sie liegt außerdem in der Nähe des Toten Meers, was bedeutet, dass der Übergang an der niedrigsten Stelle auf unserer Erde geschah. Dann stiegen die Israeliten noch etwas tiefer hinab, denn sie gingen durch das Flussbett des Jordans. Dies zeigt uns sowohl etwas von der Demut Gottes als auch von seiner Herrlichkeit.

Die Priester gingen also in den Jordan hinein, das Wasser des Jordans teilte sich, sodass sich das von oben herabfließende Wasser wie ein Damm aufstellte, der bis zu einer Stadt reichte, die «Adam» hieß. So kommen wir wieder zurück zu Adam, zum Anfang. Gott verbindet uns immer mit dem Anfang. Eine gewisse Parallele sehen wir auch bei der Taufe Jesu nach der Beschreibung im Lukasevangelium Kapitel 3. Sobald Jesus aus dem Wasser steigt, wird ab Vers 23 seine Geschlechtslinie wiedergegeben, die bis zu Adam zurückreicht. Jesus nahm in der Taufe den Platz des Sünders für die ganze Menschheit ein, die mit Adam ihren Anfang nahm. Der Ort Beit Abara, wo Jesus getauft wurde, ist sehr wahrscheinlich derselbe Ort, wo das Volk Israel auch durch den Jordan zog. Man kann diesen Ort heute besuchen, er ist für alle offen.

Zurück zum Volk Israel beim Eintritt ins Land. Nachdem sich das Wasser des Jordans geteilt und das heranfließende Wasser wie ein Damm aufgestellt hatte, floss das andere Wasser ab, sodass Israel trockenen Fußes durch das Flussbett ans andere Ufer gehen konnte. Jeder Einzelne vom Volk Israel musste dabei an der Bundeslade und den Priestern vorübergehen, die sie auf ihren Schultern trugen. Das bedeutet, dass sich jeder Einzelne erinnern musste: «Gott hat einen Bund mit uns gemacht und Gott hat einen Bund mit unserem Vater Abraham gemacht. Deshalb kommen wir in dieses Land hinein. Wir nehmen es nicht einfach ein. Es ist uns gegeben!» Ein weiterer Gedanke ist, dass Adam einst das erste Exil erfahren musste, als er aus dem Garten Eden vertrieben wurde. Jetzt erlebt Israel als Volk Gottes, dass es sozusagen aus dem Exil in Ägypten in sein Land hineinkommt. Es kommt gewissermaßen wieder in den Garten hinein, den Adam einst verlassen musste. Auf diese Weise zeigt die Situation beim Eintritt ins verheißene Land eine Verbindung mit dem Garten Eden und vor allem, dass Gottes Plan, sein Volk ins verheißene Land zu bringen, mit Wiederherstellung zu tun hat.

Sie überquerten den Jordan am 10. Tag des ersten Monats und kamen ins Land hinein. Am 10. Tag des ersten Monats musste jeder Hausvater von Israel ein Lamm für seine Familie für die Passahfeier besorgen (2. Mose 12, 3). Dann feierten sie das Passah zum ersten Mal im Land Israel. Das Manna hörte nun auf. Es war das Lebensmittel, das Gott ihnen in der Wüste gegeben hatte. Weil ihnen die Früchte im verheißenen Land von jetzt an im Überfluss zur Verfügung standen, brauchten sie es nicht mehr.

Als Nächstes erfahren wir, dass Gott ihnen den Auftrag gab, die Stadt Jericho zu erobern.

Josua 5, 13–15

Und es geschah, als Josua bei Jericho war, da erhob er seine Augen und sah: und siehe, ein Mann stand ihm gegenüber, und sein Schwert war gezückt in seiner Hand. Da ging Josua auf ihn zu und sagte zu ihm: Gehörst du zu uns oder zu unseren Feinden? Und er sprach: Nein, sondern ich bin der Oberste des Heeres des HERRN; gerade jetzt bin ich gekommen. Da fiel Josua auf sein Angesicht zur Erde und huldigte ihm und sagte zu ihm: Was redet mein Herr zu seinem Knecht? Da sprach der Oberste des Heeres des HERRN zu Josua: Zieh deine Schuhe von deinen Füßen; denn der Ort, auf dem du stehst, ist heilig!

Und Josua tat es. Beim Lesen dieses Wortes erinnern wir uns auch an die Begegnung, die Mose mit Gott in der Wüste hatte, als er seine Berufung bekam. Beide Gottesbegegnungen hatten zwar einen gemeinsamen Wesenszug, waren aber dennoch sehr verschieden. Bei Mose zeigte sich Gott in einem ganz gewöhnlichen Busch in der Wüste, der brannte, jedoch nicht zu Asche zerfiel. Einem solch gewöhnlichen Busch würde man überhaupt keine Aufmerksamkeit schenken. Aber gerade in diesem Busch offenbarte sich Gott. Warum? Gottes Demut wurde sichtbar, als er sich auf diese Weise erniedrigte. Dasselbe beobachten wir, als Jesus kam. Er kam als der Demütige, als Diener. Mose bekam die Berufung und konnte es fast nicht glauben, eine solch große Berufung zu empfangen. Er war Hirte und mittlerweile 80 Jahre alt geworden. Er fragte sich, wie er einer solchen Berufung gerecht werden könnte. Gott offenbarte sich ihm jedoch und gab ihm seinen heiligen Namen «Ich bin der ich bin». Gott begegnete ihm zwar in Niedrigkeit, aber auf heiligem Boden, sodass Mose seine Schuhe ausziehen musste.

Dem Josua offenbart sich Gott auf eine ganz andere Weise, nämlich als der Herr und Mächtige. Josua stellt ihm die Frage: «Gehörst Du zu uns oder zu unseren Feinden?» Josua wird klar, wenn der Oberste des Heeres des Herrn auf unserer Seite steht, können wir siegen, wenn er aber zu den Feinden gehört, verlieren wir alles. Aber Josua bekommt auf seine Frage keine direkte Antwort. Die mächtige Gestalt sagt nur: «Nein!» Dieses Nein bedeutet, dass es an erster Stelle gar nicht um Israel oder die Feinde geht, sondern um Gott selbst. Das ist ein sehr wesentlicher Punkt, wenn wir etwas über das Land Israel verstehen wollen. Bei allen Plänen Gottes geht es in erster Linie nicht um Israel, sondern um den Gott Israels und den König Israels.

Wenn wir einen Blick auf die heutige politische Situation werfen, wird uns bewusst, dass die Nationen diesen Punkt überhaupt nicht verstehen. Sie kämpfen gegen Gott, indem sie so viele Schwierigkeiten machen in Bezug auf das Volk Israel. Wir haben es vor einigen Wochen in der UNO-Vollversammlung gesehen, als der Palästinenserführer Abbas seine Rede hielt. Die Delegierten vieler Nationen standen auf und applaudiertem ihm. Als Netanjahu anschließend eine gute Rede hielt, gab es ganz wenig Applaus, und viele hatten den Saal sogar schon verlassen, als er die Rednertribüne betrat. Ich will mich jetzt nicht in die Politik vertiefen, möchte jedoch mit dem Hinweis auf die Vorgänge in der UNO bewusst machen, was in Wirklichkeit passiert. Was immer die Medien der Nationen berichten oder in den Nachrichten vermelden, so geht es dennoch letztlich um die Sache Gottes. Genau deshalb erschien der Heeresoberste des Herrn dem Josua und machte dies mit seinem Nein ganz klar.

Dann wollte Josua etwas mehr von ihm hören und fragte ihn: *«Was redet mein Herr zu seinem Knecht?»* Die Antwort des Heeresobersten war: *«Zieh deine Schuhe von deinen Füßen, denn der Ort, auf dem du stehst, ist heilig.»* Und Josua tat es. Der Heeresoberste sagte kein weiteres Wort. Das bedeutet: Du sollst es verstehen, du stehst auf heiligem Boden, du hast es mit Gott zu tun! Und Josua zog seine Schuhe aus. Auch wir müssen jene Beziehung zu diesem Gott bekommen, weil er immer noch derselbe ist. Er ist heilig, auch wenn ein großer Teil der Kirchen heute so weit weg von ihm ist und sie ihre Türen für viele Dinge geöffnet haben, die Gott in seinem Reich nicht dulden kann. Gott hat sich nicht verändert. Er ist immer noch heilig. Wenn wir ihm gehören, müssen wir das begreifen, was mit Gottesfurcht zu tun hat. Leider verlieren viele Menschen heute die Gottesfurcht. Aber wir, die wir ihm gehören, müssen sie nicht nur bewahren, sondern in ihrer Wirklichkeit auch leben.

Dann lesen wir, wie die Mauern von Jericho gefallen sind. Sieben Priester mussten auf sieben Schofarot (Mehrzahl von Schofar) blasend vor der Bundeslade hergehen. Dies verbindet uns mit den sieben Engeln der Offenbarung, die auch auf sieben Schofarot blasen werden, bis die Gerichte vollendet sind und Sein Plan mit Seiner Braut erfüllt wird. Dann kommt das Reich Gottes mit dem Erscheinen Jesu Christi aus dem Himmel hier auf Erden in Erfüllung.

Zurück zu Jericho: Die Kriegsleute gingen voraus und das übrige Volk folgte der Lade nach. So gingen sie an jeweils 6 Tagen einmal rings um die Stadt. Am siebten Tag aber machten sie sich früh auf und zogen in derselben Weise siebenmal um die Stadt. Als sie auf Josuas Befehl hin ein Kriegsgeschrei erhoben, fielen die Mauern von Jericho. Der ganze Einzug ins heilige Land und der Sieg über Jericho war eine Zusammenarbeit zwischen Gott und seinem Volk. Die Mauern sind nicht gefallen, weil sie laut geschrien haben, die Mauern sind auch nicht gefallen, weil sie siebenmal rings um die Stadt gegangen sind. Der Sieg war darauf zurückzuführen, dass sie die Anweisungen Gottes im Gehorsam befolgten, ohne Fragen zu stellen. Das war entscheidend. Die

Mauern sind gefallen, weil Gott gesagt hat, sie sollen fallen. Aus diesem Grund war die Einnahme Jerichos so außerordentlich wichtig, weil es das Zeichen für den Willen Gottes war, als Israel das Land betreten und die dortigen Königreiche erobert hat. Gott tat dies, weil er sein Wort, das er einst Abraham gegeben hatte, auf diese Weise in Erfüllung brachte. Jericho war immer dieses Zeichen.

Es wurden zwei Zeichen gesetzt. Als Israel durch den Jordan zog, mussten zwölf Männer, aus jedem Stamm einer, im Auftrag Gottes mitten aus dem Jordan zwölf Steine aufheben und ans jenseitige Ufer bringen, um dort eine Art Denkmal zu errichten. Außerdem mussten sie zwölf Steine vom Ufer in den Jordan hineintragen und dort sichtbar aufrichten, wo die Füße der Priester gestanden waren. So wurden auch diese Steine zu einem Denkmal dafür, dass Gott das Wunder getan hat, wodurch das ganze Volk durch den Jordan zog, als die Priester dort standen. Deshalb war das Denkmal am Ufer und das andere im Wasser ein Zeugnis für das, was geschehen ist. Das zweite Zeichen war die Eroberung der Stadt Jericho, die Gott Israel gab. Das ist heute sehr wichtig für uns, weil diese biblischen Wirklichkeiten, auch wenn sie vor Tausenden von Jahren geschahen, immer noch dieselbe Bedeutung haben und keinen Fingerbreit weniger, weil wir es mit einem ewigen Gott zu tun haben. Deshalb ist die Sache mit Israel von hoher Bedeutung für uns. Es geht um Gottes Sache und nicht in erster Linie darum, ob die Juden so gerecht oder weniger gerecht sind. Natürlich ist auch das wichtig, aber es geht um etwas viel Höheres. Wir sehen das Ziel noch nicht, weil wir immer noch auf dem Weg sind. Wir sollen jedoch auf dem Weg weder zurückgehen noch stehen bleiben, sondern weiterschreiten mit dem Herrn. Es geht immer noch um das Thema König und Königreich.

Im Kapitel 12 im Buch Josua lesen wir in den Versen 9 bis 24 von allen Königen, die Israel besiegte. In diesem Land lebten damals 31 Könige, deren Reiche Israel alle eroberte durch den einen König, der der König aller Könige ist. Das Land war damals durch die Sünde aller dieser Nationen verunreinigt. Sie beteten zum Beispiel Götzen an und brachten ihre Kinder als Opfer dar, sodass alles Dunkle dort zu finden war. Gott führte Israel hinein, um das Land wirklich zu heiligen. In seinem Herzen war der Plan, dass sein Volk Israel in diesem Land das Reich Gottes offenbaren sollte. Das hat wieder etwas zu tun mit der Aussage im Neuen Testament: «Das Wort ist Fleisch geworden», nämlich mit der Inkarnation. Das ist für Gott gewiss etwas ganz Wichtiges, denn wir Menschen sind Fleisch und Blut. Irgendwie will er in uns inkarniert werden, und an erster Stelle wollte er, dass dies mit Israel geschehe. Deshalb sollte Israel auch keinen menschlichen König haben, sondern Gott wollte selbst der König über sein Volk sein, sodass sein Königreich unter diesem Volk offenbart würde.

Jedoch verlangte das Volk einen menschlichen König:

1. Samuel 8, 5
Und sie sagten zu ihm: Siehe, du bist alt geworden, und deine Söhne wandeln nicht in deinen Wegen. Nun setze doch einen König über uns, damit er über uns Richter sei, wie es bei allen Nationen ist!

Das war die Sünde Israels. Man wollte einen König haben wie die Nationen. Im Propheten Hesekiel 20, 32 steht einmal der Ausspruch Israels: «Wir wollen sein wie die Heiden, wie die Völker in den anderen Ländern …» Aber Gott sagt: «Nein, ihr sollt nicht wie die Nationen sein, sondern ein Königtum von Priestern.» Das war die Berufung Israels.

Dann lesen wir weiter im 1. Samuel 8, 7
Der HERR aber sprach zu Samuel: Höre auf die Stimme des Volkes in allem, was sie dir sagen! Denn nicht dich haben sie verworfen, sondern mich haben sie verworfen, dass ich nicht König über sie sein soll.

Das ist immer das Problem. Es fängt auf den ersten Seiten der Bibel mit dem Sündenfall an. Dann geht dieselbe Geschichte weiter mit Israel und hat sich auch in der Kirche fortgesetzt. Wenn wir bedenken, was sich in der Kirchengeschichte abspielte, sehen wir dieselbe Haltung: Sie wollten nicht, dass Jesus über sie König sei. Wäre er wirklich der König der Kirche gewesen, hätte er tatsächlich geherrscht, dann hätte es nicht alle diese Trennungen, den vielen Streit, die Judenverfolgung und die Kriege unter uns gegeben. Aber da er wirklich seinen Platz nicht einnehmen konnte, was bis zum heutigen Tag zutrifft, gibt es alle diese Schwierigkeiten. Er ist König, und das ist ein ganz zentraler göttlicher Anspruch, den wir verstehen müssen, denn an erster Stelle geht es um sein Königreich. Das ist das Allerwichtigste. Er ist der König, und dazu werden wir bei meinen späteren Ausführungen noch mehr erfahren. Er ist auch als König auf diese Erde gekommen. Der Kampf zwischen dem Reich Gottes und den Reichen dieser Welt wird, wie gesagt, immer stärker werden, je mehr wir uns dem Ende der Endzeit nähern, weil dies der Urkampf von Anfang an ist. Es ist wichtig, dass wir als gläubige Menschen verstehen, um was es wirklich geht, nämlich um seine Königsherrschaft.

6. Das Königreich unter Salomo, ein prophetisches Bild für das Tausendjährige Reich

Es gab eine kurze Zeit in der Geschichte Israels, nämlich die erste Phase des Königreichs unter Salomo, in der wir etwas Prophetisches über das kommende Königreich sehen können. Leider ist Salomo später von Gott abgefallen, etwas ganz Schreckliches ist mit ihm passiert. Aber am Anfang seiner Regierungszeit war er ein ganz besonderer König, sodass er uns ein Bild vom kommenden Königreich vermittelt.

1. Könige 5, 4–8
Denn er (Salomo) herrschte über das ganze Gebiet diesseits des Euphrat-Stromes, von Tifsach bis Gaza, verheißenen; und er hatte Frieden von allen Seiten ringsumher. Und Juda und Israel wohnten in Sicherheit, jeder unter seinem Weinstock und unter seinem Feigenbaum, von Dan bis Beerscheba alle Tage Salomos. Und Salomo hatte viertausend Stallplätze für die Pferde seiner Streitwagen und zwölftausend Pferde. Und die Vögte versorgten den König Salomo und alle, die zum Tisch des Königs Salomo Zutritt hatten, jeder in seinem Monat; sie ließen es an nichts fehlen. Und die Gerste und das Stroh für die Pferde und für die Wagenpferde brachte man an den Ort, wo er war, jeder nach seiner Vorschrift.

Wir sehen hier, dass Salomo den vollen Segen Gottes bekam. Der Ausdruck *«… jeder unter seinem Weinstock und unter seinem Feigenbaum»* ist ein Sprichwort in der Bibel, das Frieden und Segen bedeutet.

Gott war Salomo in einem Traum erschienen und hatte zu ihm gesprochen: «Bitte, was ich dir geben soll!» Salomo teilte Gott seinen Wunsch mit in 1. Könige 3, 7–13:
Und nun, HERR, mein Gott, du selbst hast deinen Knecht zum König gemacht anstelle meines Vaters David. Ich aber bin ein kleiner Knabe, ich weiß nicht aus- noch einzugehen. Und dein Knecht ist inmitten deines Volkes, das du erwählt hast, eines großen Volkes, das wegen seiner Menge nicht gezählt noch berechnet werden kann. So gib denn deinem Knecht ein gehorsames Herz, dein Volk zu richten, zu unterscheiden zwischen Gut und Böse. Denn wer vermag dieses dein gewaltiges Volk zu richten? Und das Wort war gut in den Augen des HERRN, dass Salomo um diese Sache gebeten hatte. Und Gott sprach zu ihm: Weil du um diese Sache gebeten hast und hast dir nicht viele Tage erbeten und hast dir nicht Reichtum erbeten und hast nicht um das Leben deiner Feinde gebeten, sondern hast dir Verständnis erbeten, um dem Recht zu gehorchen, siehe, so tue ich nach deinen Worten. Siehe, ich gebe dir ein weises und verständiges Herz, sodass es vor dir keinen wie dich gegeben hat und nach dir keiner wie du aufstehen wird. Und auch das, was du nicht erbeten hast, gebe ich dir, sowohl Reichtum als auch Ehre, sodass es unter den Königen keinen wie dich geben wird alle deine Tage.

Salomo verstand das Richtige, und Gott antwortete ihm: «*Ich erfülle dir deinen Wunsch und gebe dir noch viel mehr als du erbeten hast. Ich schenke dir auch Reichtum und Ehre, sodass alle Könige erkennen werden, wer du bist.*» Leider missbrauchte Salomo dies später. Doch erkennen wir in diesen geschichtlichen Ereignissen schon eine Darstellung des Tausendjährigen Reichs. Wir sehen hier ein Bild von reichem Segen. Alle Könige kamen zu Salomo.

1. Könige 10, 23–25

So war der König Salomo größer als alle Könige der Erde an Reichtum und an Weisheit. Und die ganze Erde suchte das Angesicht Salomos, um seine Weisheit zu hören, die Gott in sein Herz gegeben hatte. Und sie brachten jeder sein Geschenk: Geräte aus Silber und Geräte aus Gold und Gewänder und Waffen und Balsamöle, Pferde und Maultiere; so geschah es Jahr für Jahr.

So wird es eines Tages geschehen. Das ist keine Illusion, kein Traum oder irgendeine Utopie, sondern Wirklichkeit auf unserer Erde, wenn unser Herr wiederkommt und als König herrschen wird. Diese künftige Wirklichkeit sehen wir bei Salomo schon bildhaft.

Wir erfahren auch etwas vom Besuch der Königin von Saba und wie tief sie beeindruckt war von allem, was sie bei Salomo sah.

1. Könige 10, 1–9

Und die Königin von Saba hörte von Salomos Ruf und von dem Haus, das er gebaut hatte für den Namen des HERRN. Da kam sie, um ihn mit Rätselfragen zu prüfen. Und sie kam nach Jerusalem mit einem sehr zahlreichen Gefolge, mit Kamelen, die Balsamöle und Gold trugen in sehr großer Menge und Edelsteine. Und sie kam zu Salomo und redete zu ihm alles, was in ihrem Herzen war. Und Salomo beantwortete ihr all ihre Fragen. Nichts war vor dem König verborgen, das er ihr nicht hätte beantworten können. Und als die Königin von Saba all die Weisheit Salomos sah und das Haus, das er gebaut hatte, und die Speise auf seiner Tafel und die Sitzordnung seiner Knechte und die Aufwartung seiner Diener und ihre Kleidung und seine Getränke und sein Brandopfer, das er im Haus des HERRN opferte, da geriet sie vor Staunen außer sich und sagte zum König: Das Wort ist Wahrheit gewesen, das ich in meinem Land über deine Taten und über deine Weisheit gehört habe! Ich habe den Worten nicht geglaubt, bis ich gekommen bin und meine Augen es gesehen haben. Doch siehe, nicht die Hälfte ist mir berichtet worden! Du hast an Weisheit und Gütern die Kunde übertroffen, die ich gehört habe. Glücklich sind deine Männer, glücklich diese deine Knechte, die ständig vor dir stehen, die deine Weisheit hören! Gepriesen sei der HERR, dein Gott, der Gefallen an dir gehabt hat, dich auf den Thron Israels zu setzen! Weil der HERR Israel ewig liebt, hat er dich als König eingesetzt, damit du Recht und Gerechtigkeit übst.

Hier wird wieder etwas ganz Herrliches beschrieben, und doch wird diese Herrlichkeit gering sein im Verhältnis zu dem, was kommen wird, weil wir es dann mit dem König aller Könige zu tun haben. Er ist der Gerechte, er ist die Liebe, und er wird den vollen Segen bringen. Die Beschreibung des Besuchs der Königin von Saba bei Salomo ist ein wichtiges Bild, das uns die Bibel vom kommenden Reich gibt. Der Name «Salomo» lautet auf Hebräisch «Schlomo» und hat zwei Bedeutungen: Er beinhaltet «Schalom», den Frieden, und «Schalem», die Vollkommenheit. Schalem ist auch ein Name von Jerusalem. Salomo hatte außerdem den Namen «Yedidya», was «der Geliebte des Herrn» bedeutet. Jesus ist der geliebte Sohn des Herrn. Die Bibel zeigt uns dadurch den Plan Gottes. Leider ist die Beschreibung des salomonischen Königreichs in der Bibel – abgesehen von den Aussagen der Propheten – das einzige Beispiel, das uns eine Vorstellung vom künftigen Königreich auf Erden vermittelt und dessen Herrlichkeit schon an das Vollkommene erinnert. Doch sehen wir auch an diesem Wenigen, wie der Plan Gottes fortschreitet, und dass es um sein Königreich geht.

Ich lese noch aus dem Lied des Mose in 5. Mose 32, 7–9: *Denk an die Tage der Vorzeit, gebt acht auf die Jahre von Generation zu Generation! Frag deinen Vater, er wird es dir kundtun, deine Ältesten, sie werden es dir sagen!*

Als der Höchste den Nationen das Erbe austeilte, als er die Menschenkinder voneinander schied, da legte er fest die Grenzen der Völker nach der Zahl der Söhne Israel. Denn der Anteil des HERRN ist sein Volk, Jakob das Maß seines Erbteils.

Das ist auch ein prophetisches Wort, das noch nicht in Erfüllung gekommen ist. Aber es sagt uns etwas darüber, wie Gott die Nationen und Israel sieht. Ich verstehe es so, dass die Nationen ihre Grenzen zuletzt von Gott bekommen. Es gab und gibt unzählige Kriege und viel Streit über Grenzen in der Geschichte, wenn ein Herrscher behauptet, ein gewisses Gebiet gehöre ihm und ein anderer Machthaber denselben Anspruch erhebt. Aber Gott hat die Grenzen der Nationen gesetzt. Und wenn sein Reich in der Fülle kommen wird, wird es keinen Streit mehr geben, weil der Herr als König die Grenzen festlegen wird. Aber es gibt eine Beziehung aller dieser Grenzen zu der Zahl der Söhne Israel. Was das genau bedeutet, wissen wir nicht, aber ich verstehe es so, dass wenn Israel wirklich von einem Staat in ein Königreich verwandelt wird, was noch geschehen wird, und der Herr seinen Platz auf dem Thron Davids in Jerusalem einnimmt, dann werden auch alle Nationen den Segen und ihre Grenzen von Gott empfangen, so wie Israel seine Grenzen von Gott bekommt.

Auch diese Prophetie geht auf Abraham zurück, denn Gott sprach zu ihm: «In dir sind alle Nationen der Erde gesegnet.»[1] Das sahen wir schon teilweise, aber noch nicht im Ganzen. Das werden wir erst erleben, wenn Jesus aus dem Himmel wiederkommt und sein Reich auf dieser Erde errichtet. Der Schwerpunkt ist hier wieder, dass es mehr als alles andere um Gottes Reich auf dieser Erde geht. Das sehen wir auch im Evangelium, weil in den vier Evangelien kaum eine Rede aufgeschrieben ist über die Kirche, sondern über das Reich Gottes. Das ist das

[1] 1. Mose 12,3

Hauptthema. Weil wir nun in diese letzte Phase der Endzeit kommen, ist es wichtig, dass diese Erkenntnis wieder in uns lebendig wird. Es scheint mir, dass das ganze Thema vom Reich Gottes unter den Gläubigen irgendwie etwas eingeschlafen ist. Es muss wieder wach werden, und wir müssen wirklich verstehen, was Gott heute tut und wo er uns hinführen will. Das ist dringend nötig, denn sonst verlieren wir die Orientierung angesichts der Entwicklungen in der heutigen Welt. Es geht um sein Reich. Er wird wiederkommen und sitzen auf seinem Thron, und wir werden diese herrliche Zeit erleben. Wir glauben, dass wir mit ihm Priester sein und mit ihm regieren werden als seine Braut.

7. Jesus, der Löwe aus dem Stamme Juda, die Wurzel Davids

Der Messias kommt aus dem Stamm Juda. In der Bibel ist das ein ganz bedeutender Punkt. Auch im Judentum muss der Messias immer der Sohn Davids sein. Ich zitiere hier einige Bibelstellen aus dem Alten und dem Neuen Testament, die darüber eine Aussage machen.

1. Mose 49, 8–11
Juda, du, dich werden deine Brüder preisen! Deine Hand wird auf dem Nacken deiner Feinde sein. Vor dir werden sich niederbeugen die Söhne deines Vaters. Juda ist ein junger Löwe; vom Raub, mein Sohn, bist du hochgekommen. Er kauert, er lagert sich wie ein Löwe und wie eine Löwin. Wer will ihn aufreizen? Nicht weicht das Zepter von Juda, noch der Herrscherstab zwischen seinen Füßen weg, bis dass der Schilo kommt, dem gehört der Gehorsam der Völker. An den Weinstock bindet er sein Eselsfüllen, an die Edelrebe das Junge seiner Eselin; er wäscht im Wein sein Kleid und im Blut der Trauben sein Gewand.

Zur Frage, was «Schilo» bedeutet: Im Hebräischen gibt es zwei Worte: «Schai» und «Lo». «Schai» ist ein Geschenk» und «Lo» heißt «zu ihm». Man weiß jedoch wirklich nicht genau, was Schilo in diesem Zusammenhang heißt, aber man weiß, dass Schilo der Messias ist. Sehr wichtig ist die Aussage: *«Nicht weicht das Zepter von Juda, noch der Herrscherstab zwischen seinen Füßen weg, bis dass der Schilo kommt.»* Das ist die Verheißung, dass die Linie Juda immer weitergehen und der König und schließlich auch der Messias-König von Juda kommen wird.

Offenbarung 5, 5
Und einer von den Ältesten spricht zu mir: Weine nicht! Siehe, es hat überwunden der Löwe aus dem Stamm Juda, die Wurzel Davids, um das Buch und seine sieben Siegel zu öffnen.

Offenbarung 22, 16b
Ich bin die Wurzel und das Geschlecht Davids, der glänzende Morgenstern.

Römer 1, 1–4
Paulus, Knecht Christi Jesu, berufener Apostel, ausgesondert für das Evangelium Gottes, das er durch seine Propheten in heiligen Schriften vorher verheißen hat über seinen Sohn, der aus der Nachkommenschaft Davids gekommen ist dem Fleische nach und als Sohn Gottes in Kraft eingesetzt dem Geiste der Heiligkeit nach aufgrund der Toten-Auferstehung: Jesus Christus, unseren Herrn.

In den folgenden Versen spricht der Engel Gabriel zur Mutter unseres Herrn, Myriam/Maria:

Lukas 1, 31–33
Und siehe, du wirst schwanger werden und einen Sohn gebären, und du sollst seinen Namen Jesus nennen. Dieser wird groß sein und Sohn des Höchsten genannt werden; und der Herr, Gott, wird ihm den Thron seines Vaters David geben, und er wird über das Haus Jakobs herrschen in Ewigkeit, und seines Königtums wird kein Ende sein.

Das ist auch ein ganz wichtiges Wort, weil es aussagt, dass Jesus den Thron seines Vaters bekommen wird. Der Thron Davids ist nicht im Himmel, der Thron Davids ist in Jerusalem. Auch der folgende Halbsatz ist sehr wichtig, nämlich dass er über das Haus Jakobs herrschen wird in Ewigkeit und seines Königtums kein Ende sein wird. Das Haus Jakob ist das Volk Israel. Damit spricht der Neue Bund von der Verheißung, dass Jesus den Thron Davids bekommen wird.

Wie wir also gesehen haben, gibt es schon im 1. Mosebuch eine wesentliche Prophezeiung, die bis zum Messias reicht. Dass Jesus über das Haus Israel regieren wird, hat man in der Kirche auch vergessen. Wenn er über das Haus Jakobs herrschen wird – was bedeutet das? Dieses Herrschen geschieht dann nicht nur im Himmel, sondern hat auch mit dieser Erde zu tun.

Manches im Zusammenhang mit den Geschlechtslinien ist auch wichtig zu verstehen. Wir haben zwei Geschlechtslinien vom Messias. Die erste ist im Matthäusevangelium und die zweite im Lukasevangelium. Die zwei sind unterschiedlich. Was wir ganz deutlich im Matthäusevangelium sehen, ist, dass Josef nicht der biologische Vater von Jesus ist. Trotzdem bekommen wir seine ganze Geschlechtslinie. Wir können die Frage stellen, warum diese Geschlechtslinie mitgeteilt wird, wenn sie eigentlich kein Beweis dafür ist, dass der Messias aus dem Geschlecht Davids kommt.

Im Lukasevangelium ist es nicht so klar, weil es eine andere Geschlechtslinie ist. Es ist möglich, dass es sich hierbei um die Geschlechtslinie von Maria handelt. Ich sage nicht, dass es so ist, aber es ist möglich. Eines müssen wir verstehen: Im Alten Testament gibt es keine Geschlechtslinie über eine Frau. Es geht immer über den Mann. Im Neuen Testament konnten sie das nicht verändern. Es könnte deshalb im Lukasevangelium die Geschlechtslinie von Maria sein, weil in Kapitel 3, 23 die Aufzählung der Geschlechter eingeleitet wird mit den Worten, dass Jesus, «wie man meinte, der Sohn Josephs, des Eli …» war. Das würde auch erklären, warum wir im Lukasevangelium eine andere Davidische Geschlechtslinie bekommen als im Matthäusevangelium. Was wichtig ist, das sehen wir an einer anderen Stelle im Lukasevangelium.

Wenn Josef nicht aus dem Geschlecht Davids gekommen wäre, hätte bei der von Kaiser Augustus angeordneten Volkszählung Josef nicht mit Maria zur Registrierung nach Bethlehem gehen müssen, weil damals jeder zu dem Ort gehen musste, aus dem sein Geschlecht stammte. Deshalb war es wichtig, dass Josef aus dem Geschlecht Davids war, um die Prophezeiung zu erfüllen, dass sie nach Bethlehem gingen. Die Prophetie von Micha sagt aus, dass der Messias in Bethlehem geboren wird. Diese Bibelstelle zitiere ich anschließend. Ich denke, das ist der Hauptgrund für die Geschlechtslinie in Matthäus. Maria musste vonseiten ihres Vaters von David abstammen, weil Jesus biologisch aus dem Geschlecht Davids stammt.

Wenn die Geschlechtslinie in Lukas diejenige von Maria ist, ist sie eine Nachfahrin von David, jedoch nicht von Salomo, sondern von einem anderen Sohn Davids, dem Nathan. Auch hier geht die Geschlechtslinie natürlich über den Vater. Als Beispiel kann ich hier anführen, dass ich ein alttestamentlicher Priester bin, weil mein Vater ein Priester war. So wird das im Judentum gesehen, und so sehen wir es auch in der Bibel. Also stammte Maria väterlicherseits aus der Geschlechtslinie Juda-David und mütterlicherseits wahrscheinlich aus dem priesterlichen Geschlecht, weil sie mit Elisabeth, der Mutter von Johannes dem Täufer, verwandt war. Es kann sein, dass Elisabeth ihre Tante war, die jedenfalls aus dem Hause Aaron stammte, was ganz deutlich im Lukasevangelium steht.

Diese Dinge sind wichtig, weil man manchmal überlegt, die Schrift beweise ja nicht, dass Jesus aus dem Geschlecht Juda-David gekommen sei. Aber die Schrift beweist uns – das sehen wir in der Offenbarung und bei Paulus im Römerbrief sowie bei manchen weiteren Aussagen im Neuen Testament – dass man Jesus verschiedene Male «Sohn Davids» nannte. Er wurde also zu seiner Zeit als Sohn Davids erkannt, weil man wusste, dass er aus dieser Geschlechtslinie kam und der wahre Messias ist.

Micha 5, 1
Und du, Bethlehem Efrata, das du klein unter den Tausendschaften von Juda bist, aus dir wird mir der hervorgehen, der Herrscher über Israel sein soll; und seine Ursprünge sind von der Urzeit, von den Tagen der Ewigkeit her.

8. Gottes Weg aus Fluch und Armut zu Gnade und Segen im Buch Rut

Das Buch Rut ist auch sehr wichtig, weil es Aussagen darüber macht, wie Gott handelt. Es hat außerdem eine enge Verbindung zum Messias.

Am Anfang des Buchs Rut erfahren wir, dass die in Bethlehem wohnende Familie von Elimelech und Noomi mit ihren beiden Söhnen das Land Israel wegen einer Hungersnot verließ und nach Moab umsiedelte.

Wie wir wissen, war Moab ein Volk, das von den Israeliten nicht geliebt wurde, weil die Mohabiter dem Volk Israel nicht mit Wasser und Brot entgegenkamen, als Israel hungrig und durstig aus Ägypten durch die Wüste ins verheißene Land zog.

5. Mose 23, 3–4
Ein Ammoniter oder Moabiter darf nicht in die Versammlung des HERRN kommen; auch die zehnte Generation von ihnen darf nicht in die Versammlung des HERRN kommen, für ewig; deshalb, weil sie euch nicht mit Brot und mit Wasser entgegengekommen sind auf dem Weg, als ihr aus Ägypten zogt, und weil er Bileam, den Sohn des Beor, aus Petor in Mesopotamien, gegen dich gedungen hat, dich zu verfluchen.

Es war ein sehr starkes Gebot im Alten Testament, dass die Israeliten keine Beziehung zu den Moabitern haben sollten. Rut war jedoch eine Moabiterin.

Die beiden Söhne von Elimelech und Noomi hatten Namen, die mit keinem Segen zu tun haben, was schon etwas geheimnisvoll war. Sie hatten die Namen Machlon und Kiljon. Machlon kommt vom hebräischen Wort Machala, was «Krankheit» bedeutet. Kiljon kommt von Kilajon, was «Verderbnis» bedeutet. Man kann nicht richtig verstehen, warum die Eltern ihnen diese Namen gegeben hatten. Aber so war es, und die Familie zog nach Moab und lebte dort. Dann starb der Vater Elimelech. Die beiden Söhne nahmen zwei Moabiterinnen als Ehefrauen. Sie taten also nach dem Gesetz etwas vollständig Verbotenes. Sie verließen das Land Israel, zogen nach Moab und, nachdem Elimelech gestorben ist, heirateten die beiden Söhne Moabiterinnen, die Orpa und die Rut. Sie bekamen keine Kinder mit diesen Frauen. Schließlich starben auch die beiden Söhne. Es ist also zunächst durchaus eine Geschichte von Fluch.

Dann hörte Noomi, dass es in der Heimat in Israel wieder besser ging und die Hungersnot vorbei war. So wollte sie nach Bethlehem zurückkehren. Sie sagte jedoch ihren beiden Schwiegertöchtern: «Es lohnt sich nicht für euch, mit mir zu kommen. Ich bin schon so alt. Selbst wenn ich noch Söhne bekommen würde, könntet ihr nicht so lange warten, bis sie erwachsen sind, um sie zu heiraten. Bleibt lieber hier!» Zunächst wollten beide Schwiegertöchter mit der Noomi nach Israel gehen, aber dann entschloss sich Orpa, in Moab zu bleiben. Doch dann lesen wir von Rut:

Rut 1, 16–18

Aber Rut sagte: Dringe nicht in mich, dich zu verlassen, von dir weg umzukehren! Denn wohin du gehst, dahin will auch ich gehen, und wo du bleibst, da bleibe auch ich. Dein Volk ist mein Volk, und dein Gott ist mein Gott. Wo du stirbst, da will auch ich sterben, und dort will ich begraben werden. So soll mir der HERR tun und so hinzufügen – nur der Tod soll mich und dich scheiden. Als sie nun sah, dass Rut fest darauf bestand, mit ihr zu gehen, da ließ sie ab, ihr zuzureden.

Hier sehen wir etwas, das unser Herz bewegt. Rut zeigt ihre Treue. Sie sieht keinen Segen in der Zukunft, sie sieht auch, dass

Noomi ganz alleine und arm ist, und so sagt sie: «Ich gehe mit dir! Dein Volk ist mein Volk und dein Gott ist mein Gott!» Nun geschieht eine starke Wende in der ganzen Geschichte und der Fluch verwandelt sich in Segen. Es ist ein Bild von Gottes Gnade, die so groß ist, dass auch dann, wenn Lebenswege nicht nach dem Gesetz gestaltet werden, Gott dennoch alles erneuern kann. Das ist etwas außerordentlich Wichtiges. Diese Wahrheit sehen wir im Neuen Bund vielmals. Wenn Menschen, die unter dem Fluch gestanden sind, sich Jesus anvertrauen, dann kommen sie unter den Segen Gottes.

In dieser Geschichte sehen wir ein eindrucksvolles Bild von der Beziehung zwischen Nationen und Israel. In diesem Fall ging es um eine Nation, mit der man in Israel gar nichts zu tun haben sollte. Rut kommt aus einer solchen Nation, zeigt ihre Treue und will sich mit ihrer Schwiegermutter bis zum Tod verbinden – *«wo du stirbst, will auch ich sterben, und dort will ich begraben werden.»* Das ist ein Bild von den Nationen, die sich Israel anschließen, weshalb es auch eine überaus bedeutende Geschichte ist. Es war Gottes Wille, und das haben die Apostel am Anfang auch verstanden, dass die Nationen dazukommen und sich Israel anschließen. Dies wird zum Beispiel sichtbar in Römer 11 im Bild des edlen Ölbaums, den Israel darstellt, und in den Ölzweigen des wilden Ölbaums, die in den edlen Ölbaum eingepfropft werden. Durch dieses Anschließen haben die Nationen Anteil am ganzen Segen, den Gott Israel verheißen hat. Das Allerletzte und Größte ist das Kommen des Messias, aber wesentlich ist dennoch, dass sich die Nationen dem gläubigen messianischen Israel anschließen. Leider haben wir das in der Geschichte des Christentums aber kaum gesehen, vielmehr wurde Jesus aus seinem jüdischen Zusammenhang herausgelöst, sodass das Eingepfropft-Sein in den edlen Ölbaum nicht mehr verstanden wird. Auch heute ist das ganze Thema Israel unter den Christen noch sehr umstritten. Viele Christen stellen in ihrer Blindheit die Frage, was sie überhaupt mit diesem Volk zu tun haben.

In der Geschichte von Rut sehen wir jedoch das Gegenteil. Ich denke, dass das ganze Geheimnis vom Geschlecht Davids mit diesem Thema zu tun hat, weil Rut sich Noomi anschloss und dann der Segen kam. Wie wir wissen, war Bethlehem keine berühmte Stadt. Aber Gott erwählte diese Stadt für das Davidische Königreich und auch für die Geburt des Messias. Das lesen wir in Micha 5, 1, das ich schon zitiert habe. Gott erwählt die Armen. Rut gehört zu den Armen. Als Noomi und Rut in Bethlehem ankommen, ist gerade Gerstenernte. Rut geht auf das Feld von Boas und liest Ähren auf. Wir erinnern uns, dass Gott im Alten Testament das Gebot gegeben hatte, dass der Besitzer bei der Ernte nicht alles bis an die Ecken des Feldes abschneiden und auch nicht Nachlese halten sollte, sondern von der Frucht etwas für die Armen und Fremdlinge stehen lassen sollte. So konnten die Armen kommen und auch etwas davon haben.

Genau das tut Rut. Sie geht auf das Feld von Boas als eine arme Moabiterin. Boas sieht sie. Er hat gehört, dass sie mit ihrer Schwiegermutter nach Bethlehem gekommen und bei ihr geblieben ist. Er segnet sie, ist freundlich zu ihr und lädt sie ein, weiterhin auf seinem Acker Ähren aufzulesen, sodass sie auf keinen anderen Acker gehen musste. Er sagte ihr, sie solle sich an seine Mägde halten, wenn sie das Getreide schneiden, ihnen folgen und hinter ihnen her Ähren auflesen. Er habe seinen Knechten geboten, dass niemand sie antaste. Und wenn sie Durst habe, dürfe sie von den bereitgestellten Gefäßen trinken. Wie wir wissen, findet die Geschichte eine schöne Fortsetzung und schließlich heiraten Boas und Rut. Sie bekommen einen Sohn, wodurch auch Noomi gesegnet wird. Sie war ohne Hoffnung, aber nun nimmt sie sozusagen den Platz der Großmutter ein. Und Rut wird die Urgroßmutter von König David.

Diese Geschichte zeigt uns die Wege Gottes. Paulus schrieb, dass Gott diejenigen erwählt, die nichts sind. Gott erwählte Rut. Das ist die Erwählung und Gnade Gottes in dieser Davidischen Linie. Bethlehem ist keine große Stadt, Rut ist eine arme Moabiterin und hat nichts zu geben. Aber sie kommt in den Segen Gottes hinein und, wie gesagt, stammt der Messias aus dieser Linie.

9. Gottes Wege bei der Erwählung der Davidischen Linie bis hin zur Geburt des Messias

Nun wollen wir David selbst betrachten. Auch bei ihm beobachten wir etwas, das in gewissen Zügen an die Erwählung von Rut erinnert. Wir lesen, wie Gott den Propheten Samuel nach Bethlehem schickt, um einen König zu erwählen und zu salben.

1. Samuel 16, 1–13
Und der HERR sprach zu Samuel: Wie lange willst du um Saul trauern, den ich doch verworfen habe, dass er nicht mehr König über Israel sei? Fülle dein Horn mit Öl und geh hin! Ich will dich zu dem Bethlehemiter Isai senden; denn ich habe mir unter seinen Söhnen einen zum König ausersehen. Und Samuel antwortete: Wie kann ich hingehen? Wenn Saul es hört, so wird er mich umbringen. Der HERR sprach: Nimm eine junge Kuh mit dir und sage: Ich bin gekommen, um dem HERRN zu opfern! Und lade Isai zum Schlachtopfer, und ich werde dir zu erkennen geben, was du tun sollst! Und du sollst mir den salben, den ich dir nennen werde.
Und Samuel tat, was der HERR geredet hatte, und kam nach Bethlehem. Da kamen die Ältesten der Stadt ihm aufgeregt entgegen und sagten: Bedeutet dein Kommen Friede? Und er sprach: Ja, Friede! Ich bin gekommen, um dem HERRN ein Opfer zu bringen. Heiligt euch und kommt mit mir zum Schlachtopfer! Und er heiligte Isai und seine Söhne und lud sie zum Schlachtopfer. Und es geschah, als sie kamen, sah er den Eliab und meinte: Gewiss, da steht sein Gesalbter vor dem HERRN! Aber der HERR sprach zu Samuel: Sieh nicht auf sein Aussehen und auf seinen hohen Wuchs! Denn ich habe ihn verworfen. Denn der HERR sieht nicht auf das, worauf

der Mensch sieht. Denn der Mensch sieht auf das, was vor Augen ist, aber der HERR sieht auf das Herz. Da rief Isai den Abinadab und ließ ihn vor Samuel vorübergehen. Aber er sprach: Auch diesen hat der HERR nicht erwählt. Dann ließ Isai Schamma vorübergehen. Er aber sprach: Auch diesen hat der HERR nicht erwählt. Und Isai ließ seine sieben Söhne vor Samuel vorübergehen. Aber Samuel sprach zu Isai: Der HERR hat keinen von ihnen erwählt. Und Samuel fragte Isai: Sind das die jungen Leute alle? Er antwortete: Der Jüngste ist noch übrig, siehe, er weidet die Schafe. Und Samuel sagte zu Isai: Sende hin und lass ihn holen! Denn wir werden uns nicht zu Tisch setzen, bis er hierher gekommen ist. Da sandte er hin und ließ ihn holen. Und er war rötlich und hatte schöne Augen und ein gutes Aussehen. Und der HERR sprach: Auf, salbe ihn! Denn der ist es! Da nahm Samuel das Ölhorn und salbte ihn mitten unter seinen Brüdern. Und der Geist des HERRN geriet über David von diesem Tag an und darüber hinaus. Samuel aber machte sich auf und ging nach Rama.

Hier sehen wir, dass Samuel in die kleine Stadt Bethlehem gehen musste zurzeit, als Saul noch König war. Ich denke, dass dies ein ganz wichtiger Punkt ist. Es war nicht so, dass König Saul schon gestorben war und man einen neuen König wählte. Im Gegenteil, zu dieser Zeit war Saul noch lange König. Aber Gott sieht anders als wir Menschen. Gott hatte König Saul schon verworfen. Jetzt wählte Gott den wahren König, als Saul noch König war.

Samuel spricht mit Isai über sein Vorhaben, aber Isai denkt überhaupt nicht an David. Er ist draußen bei den Schafen und soll nach Isais Meinung wohl auch dort bleiben. Er hat ja andere Söhne. Zuerst kommt der Erstgeborene, aber der Herr sagt: »Nicht dieser!« Dann folgen die weiteren sechs Söhne, aber Gott sagt im Hinblick auf jeden Einzelnen, der als Nächster erscheint:

«Nein, das ist er nicht!» Samuel ist ein bisschen verzweifelt und überlegt, warum er bisher keinen gefunden hat. Schließlich fragt er Isai: «Hast du vielleicht noch einen weiteren Sohn?» Dann fordert Samuel den Isai auf, diesen Jüngsten von den Schafen wegzurufen. Sobald jener kommt, an den der Vater überhaupt nicht gedacht hat, sagt der Herr: «Das ist er!» Der Herr schaut auf das Herz. Das ist ihm das Allerwichtigste. Er sieht nicht, wie wir Menschen sehen und denkt nicht, wie wir Menschen denken. Er sieht uns von innen, und dort ist die wahre Schönheit.

Wir sehen bei David eine gewisse Ähnlichkeit mit der Geschichte von Rut, die eine besondere Frau war. David ist ein ganz besonderer junger Mann. Das erkennen wir später, wenn der große Kampf mit Goliath ansteht. Er hat einfach den Glauben: «Wir können diesen Riesen besiegen!» Alle anderen haben große Angst und König Saul will ihm seine Rüstung anlegen. Aber David kann damit nicht gehen, weil er es überhaupt nicht gewohnt ist. Er zieht diese Rüstung wieder aus und erscheint – menschlich gesehen – nicht geschützt. Man lacht über ihn und denkt: «Dieser kleine Junge will jenen Riesen umbringen? Wie will er das tun?» Und Gott gibt ihm die Weisheit und zeigt ihm, wie er das machen soll. Er nimmt ganz glatte Steine aus dem Bach und schleudert einen Stein, der in des Riesen Stirn eindringt, sodass der Goliath auf die Erde fällt und es aus ist mit ihm. David siegt.

Wir sehen, dass die Wege Gottes immer ganz anders als die menschlichen Wege sind. Das hilft uns auch, die Geburt Jesu zu verstehen. Obwohl wir alle diese Weihnachtsgeschichte kennen, ist es gut, sie neu zu betrachten unter dem Aspekt der Entwicklung und Fortsetzung der Davidischen Linie. An der Kontinuität sehen wir, wie Gottes Handeln sich wie ein roter Faden durch die ganze Schrift zieht.

Lukas 2, 1–7

Es geschah aber in jenen Tagen, dass eine Verordnung vom Kaiser Augustus ausging, den ganzen Erdkreis einzuschreiben. Diese Einschreibung geschah als erste, als Quirinius Statthalter von Syrien war. Und alle gingen hin, um sich einschreiben zu lassen, ein jeder in seine Vater-Stadt. Es ging aber auch Josef von Galiläa, aus der Stadt Nazareth, hinauf nach Judäa, in die Stadt Davids, die Bethlehem heißt, weil er aus dem Haus und Geschlecht Davids war, um sich einschreiben zu lassen mit Maria, seiner Verlobten, die schwanger war. Und es geschah, als sie dort waren, wurden ihre Tage erfüllt, dass sie gebären sollte; und sie gebar ihren erstgeborenen Sohn und wickelte ihn in Windeln und legte ihn in eine Krippe, weil in der Herberge kein Raum für sie war.

Diese Geschichte wird uns in der typisch biblischen Kürze geschildert, aber wir müssen uns ein wenig vorstellen, was hier tatsächlich geschehen ist. Maria und Josef kommen einen langen und beschwerlichen Weg von Nazareth, den man damals nicht in wenigen Stunden im Auto zurücklegen konnte. Die Entfernung zwischen Nazareth und Bethlehem beträgt etwa 170 km, wozu man normalerweise 5 Tagesmärsche brauchte. Sie kommen sicher müde und erschöpft endlich in Bethlehem an, ganz besonders Maria im hochschwangeren Zustand. Sehr viele Menschen, die sich auch einschreiben lassen müssen, befinden sich ebenfalls in Bethlehem, und die Herbergen sind alle schon voll besetzt. Es gibt keine Unterkunft für das junge Paar trotz der bevorstehenden Geburt. In unseren Ohren klingt die Geschichte oft so romantisch, aber das ist sie keineswegs. Also müssen sie notgedrungen irgendwo eine Bleibe finden, selbst wenn dort Schafe, Ochsen und Esel untergebracht sind. So gehen sie in einen Stall. Dort wird der Sohn geboren, den sie in eine Krippe legt. Eine Krippe ist bekanntlich ein Futtertrog, aus dem die Tiere fressen, also weder von der Hygiene noch von der Bequemlichkeit her passend für ein Neugeborenes. Aber dort kommt der Messias zur Welt. Hier wird der König der Könige geboren. Im Himmel wird er angebetet, aber auf unserer Erde wird er auf solche Weise empfangen. Wieder sehen wir, dass der Herr, unser Gott, ein demütiger Gott ist. Als Kreißsaal dient ihm ein Stall und anstatt in einer königlichen Wiege liegt er in einer Viehkrippe – er entäußert sich und wird geringer als die Ärmsten im Volk. Andererseits lässt diese Situation auch erkennen, dass er der gefallenen Menschheit überhaupt nicht willkommen ist und sie keinen Platz für ihn hat.

Dann berichtet das Evangelium weiter, dass zunächst ein Engel und dann eine Menge der himmlischen Heerscharen bei den Hirten auf dem Feld waren. Im Himmel war große Freude. Sie lobten Gott und sprachen: *«Herrlichkeit Gott in der Höhe und Friede auf Erden in den Menschen des Wohlgefallens.»*

Dann lesen wir, wie die Hirten zum Stall kommen. Die Hirten sind Repräsentanten des Volkes Israel. Warum? Im 1. Mosebuch erfahren wir, als Josef in Ägypten war und seine Brüder zum zweiten Mal kamen, um Getreide zu kaufen, dass die Ägypter nicht zusammen mit Josefs Brüder essen wollten, «weil sie Hirten waren, denn es ist ein Gräuel für sie». Die Ägypter waren ganz vornehme Leute im Gegensatz zu den einfachen Hirten. Auch als der Pharao etwas später die Brüder Josefs fragte, welches Gewerbe sie betrieben, antworteten sie: «Wir und unsere Väter sind Viehhirten», was wie ein Merkmal des Volkes Israel war. Im Lukasevangelium lesen wir also von den einfachen Hirten, die zur Krippe kommen, während im Matthäusevangelium vom Besuch der Weisen aus dem Morgenland berichtet wird.

Matthäus 2, 1–2

Als aber Jesus zu Bethlehem in Judäa geboren war, in den Tagen des Königs Herodes, siehe, da kamen Weise vom Morgenland nach

Jerusalem, die sprachen: Wo ist der König der Juden, der geboren worden ist? Denn wir haben seinen Stern im Morgenland gesehen und sind gekommen, ihm zu huldigen.

Die Weisen aus dem Morgenland kamen nach Jerusalem und suchten eine Wegweisung zum Aufenthaltsort des neugeborenen Königs der Juden. König Herodes wurde neidisch und schmiedete gleich einen mörderischen Plan, wie er diesen vermeintlichen königlichen Konkurrenten beseitigen könnte. Er fragte die Hohenpriester und Schriftgelehrten, wo der Messias geboren werden sollte.

Matthäus 2, 5–6
Sie aber sagten ihm: Zu Bethlehem in Judäa; denn so steht durch den Propheten geschrieben: «Und du, Bethlehem, Land Juda, bist keineswegs die Geringste unter den Fürsten Judas; denn aus dir wird ein Führer hervorkommen, der mein Volk Israel hüten wird.»

Die Weisen aus dem Morgenland sind die Nicht-Juden, die von weither gekommen sind, um das Kind zu suchen, während, wie schon erwähnt, die Hirten die Juden sind, die zur Krippe eilen. So sehen wir schon am Anfang der Geschichte, dass die beiden Teile der Menschheit – Juden und Heiden – kommen, um das Kind zu sehen und ihm zu huldigen. Allerdings sind sie nicht gleichzeitig gekommen, denn die Weisen aus dem Morgenland treffen erst später ein, als Maria und Josef den Stall schon verlassen haben und in einem Haus in Bethlehem wohnen. Die Weisen haben den Stern dieses Königs gesehen und sind ihm gefolgt, bis sie das Kindlein gefunden haben. Sie erkennen, dass er *der* König der Juden und nicht einfach einer unter vielen Königen ist, sondern ein ganz einzigartiger König. Sie als Könige und Nicht-Juden fallen nieder und beten das Kind an, huldigen ihm und erfassen, dass er der Erlöser und Messias ist. Sie beschenken es königlich mit Gold, Weihrauch und Myrrhe. Der Stern, den sie gesehen haben, ist die Erfüllung der Prophezeiung von Bileam aus dem Alten Testament:

4. Mose 24, 17
Ich sehe ihn, aber nicht jetzt, ich schaue ihn, aber nicht nahe. Es tritt hervor ein Stern aus Jakob, und ein Zepter erhebt sich aus Israel und zerschlägt die Schläfen Moabs und zerschmettert alle Söhne Sets.

Dies ist die Sprache des Alten Testaments und bedeutet einfach, dass der Stern aus Jakob über das Böse siegt. Auch im Judentum ist es bekannt, dass der Messias mit diesem Stern verbunden ist, sodass der Bericht über den Stern aus Jakob nicht nur aus dem Neuen Testament stammt, sondern schon vom Alten Testament her vertraut ist.

Ca. 135 Jahre nach der Geburt Jesu stand ein falscher Messias in Israel mit Namen Bar Kochba auf, was «Sohn des Sterns» bedeutet, weshalb ich ihn hier erwähne. Er brachte den Juden allerdings großes Unheil und vollendete durch seinen Aufstand gegen die Römer die weltweite jüdische Zerstreuung.

Jesus ist der wahre Messias. Die Weisen haben seinen Stern gesehen. Es gibt allerlei Erklärungen über diesen Stern. Ich fasse den biblischen Bericht wörtlich auf, wie es geschrieben steht. Sie haben einen Stern gesehen und dieser Stern hat sich am Himmel bewegt. Sie haben erkannt, dass sie durch diesen Stern zu jenem einzigartigen König geführt werden und sind ihm gefolgt, haben die Mühe der Reise auf sich genommen, sodass sie das Kind gefunden haben.

Wir sehen wieder, dass die Wege Gottes so ganz anders sind als die Wege von uns Menschen.

Gott befiehlt den Weisen nach ihrem Besuch in Bethlehem, den Herodes nicht mehr aufzusuchen, um ihm von dem Kind zu berichten. Als die Rückkehr der Weisen bei Herodes ausblieb, wurde er zornig und ließ alle Kinder im Alter von zwei Jahren und darunter in und um Bethlehem ermorden.

Ich möchte noch ein Wort anfügen über das Geheimnis unseres Herrn, dass das Wort Fleisch geworden ist, weil es an dieser Stelle immer wieder Verwirrung unter den Gläubigen gibt. Einerseits ist Jesus biologisch der Sohn Marias. Das ist klar. Und andererseits ist er der Sohn Gottes, und Maria war die Jungfrau, die schwanger wurde, sodass er biologisch der Sohn Davids, aber vom Himmel aus der Sohn Gottes ist. Er ist wahrer Gott und wahrer Mensch, wir können jedoch das Göttliche und das Menschliche in seiner Person nicht trennen. Das muss uns ganz klar und deutlich sein, weil es allerlei merkwürdige Lehren gibt, dass Jesus zum Beispiel nicht wirklich der Sohn Marias war. Deshalb ist es sehr wichtig zu wissen, dass er tatsächlich der Sohn Marias war. Das geht zurück zur ersten Prophezeiung in

1. Mose 3, 15
Und ich werde Feindschaft setzen zwischen dir und der Frau, zwischen deinem Samen und ihrem Samen; er wird dir den Kopf zermalmen, und du, du wirst ihm die Ferse zermalmen.

Jesus ist der Same der Frau.

Ich habe mir viele Gedanken gemacht über die Salbung von David, dass sie geschah zurzeit, als Saul noch König war. Ich denke, dass wir in unserer Zeit etwas Ähnliches unter den Gläubigen anfangen zu sehen, und es noch deutlicher sehen werden, je mehr wir der Endzeit entgegengehen. Das hängt damit zusammen, dass Jesus unter allen Gläubigen, wo sie auch zu finden sind, seine wahre Braut hat. Andererseits sehen wir eine Kirche, die mehr und mehr zu einer abgefallenen Kirche wird.

Darüber gibt es keine Frage mehr. Sie ist offiziell noch die Kirche, aber sie ist eine Mischung von Baalskult und Glaube an Jahwe, so wie es in der Zeit Elias war (1. Könige 18,21). Gott aber sieht anders, und Gott sieht solche, die wirklich zu ihm gehören und ihn echt lieben. Er wird sie sammeln, und sie werden wirklich die Gesalbten sein. Wie das genau geschehen wird, wissen wir nicht.

Jesus erzählte einmal ein Gleichnis über den Weizen und das Unkraut. Das Himmelreich gleicht einem Menschen, der guten Samen auf seinen Acker säte. Als aber die Leute schliefen, kam sein Feind und säte Unkraut zwischen den Weizen. Als die Saat wuchs, wuchs auch das Unkraut. Die Knechte sahen es und fragten ihren Herrn, ob sie das Unkraut ausjäten sollten. Der Herr aber antwortete: *«Nein, nein, lasst beides zusammen wachsen bis zur Ernte. Dann wird man die Trennung vornehmen.»* (Mt. 13, 30)Sicherlich hat man in der Geschichte der Kirche schon viele Trennungen gesehen, die aber in Wirklichkeit Spaltungen waren. Der Wille Gottes war die Demut, Buße, Vergebung und Versöhnung. Es gibt aber eine Zeit, in der Gott trennen wird. Der Herr hat viel Geduld, aber seine Zeit kommt. Dann wird er trennen zwischen dem, was ihm gehört, was gutes Getreide ist, und dem, was nicht gut ist.

Ich denke, die Geschichte Davids sagt uns etwas zu diesem Geschehen, indem Gott David erwählte, als Saul noch König war. David respektierte Saul. Er hatte zweimal die Möglichkeit, ihn umzubringen, tat es aber nicht, weil Saul der Gesalbte des Herrn war. Er wartete auf seine Zeit, er versuchte nicht, mit Macht an die Krone zu kommen. Er wusste, dass seine Zeit kommen würde, er war gesalbt und dennoch bereit zu warten, teilweise sogar außerhalb von Israel, bis Gott ihn auf seinem Weg zu seiner Zeit zum Thron führte. Schließlich wurde er König über Israel in Jerusalem. Ich glaube, dass dies auch sehr wichtig ist für die Gemeinde Jeschuas/Jesu. So sollen wir etwas erkennen, die Sache aber nicht in die eigenen Hände nehmen, sondern einfach verstehen, was Gott vorhat. Der Herr wird zu seiner Zeit tun, was er beschlossen hat und wie es ihm wohlgefällt.

10. Die Thora des Reiches Gottes, die Seligpreisungen, erfahren ihre volle Erfüllung im Tausendjährigen Reich

Die Seligpreisungen haben eine hohe Bedeutung, weil sie die Thora des Reiches Gottes sind. Wir wollen sie auch richtig verstehen, weil es verschiedene Stufen im Reich Gottes gibt. Am Ziel treffen wir auf die allerletzte Stufe, wenn der Herr wiederkommt und König über diese ganze Erde wird.

Matthäus 5, 1
Als er aber die Volksmengen sah, stieg er auf den Berg; und als er sich gesetzt hatte, traten seine Jünger zu ihm.

Wir können uns die Szene so vorstellen, dass seine Jünger sich einfach um Jesus versammelten, doch aufgrund der Beschreibung des Evangelisten geht man davon aus, dass auch eine große Volksmenge dort war und zuhörte.

Matthäus 5, 2–10
2 Und er tat seinen Mund auf, lehrte sie und sprach:
3 Glückselig die Armen im Geist, denn ihrer ist das Reich der Himmel.

Jesus redet zu seinen Jüngern und zu Menschen seiner Zeit. Er sagt etwas, das seine letzte Erfüllung erst haben wird, wenn er wiederkommt. Es hat seine Bedeutung für die Zeit, in der er es sagt und für unsere Zeit, aber es deutet auch auf eine andere Zeit, die kommen wird.

Was bedeutet «die Armen im Geist»? Ich glaube nicht, dass es bedeutet «die Armen im Heiligen Geist». Ich glaube, dass es hierbei um solche Menschen geht, die abhängig sind von Gott. Ich habe schon öfters in Israel erlebt, wenn Israelis zu uns kommen und ich ein Zeugnis gebe und sie typisch jüdische Fragen stellen. Eine dieser Fragen lautet: «Wovon lebt ihr, woher kommt euer Geld?» Wenn ich antworte: «Wir leben im Glauben und vertrauen dem Herrn», dann schauen sie uns verwundert an und denken: «Arme Leute seid ihr», weil unser Standpunkt ganz anders ist als das, was sie für richtig und gut halten. Die Armen im Geist sind in unserer Zeit in den Augen der Welt nicht die Glückseligen, aber Jesus sagt: «... denn ihrer ist das Reich der Himmel». Das bedeutet, wenn das Reich in seiner Fülle kommt, dann werden sie wirklich alles erben, was Gott hat, um es ihnen zu geben.

4 Glückselig die Trauernden, denn sie werden getröstet werden.

Das können wir schon jetzt erleben. Auch wenn wir im Glauben stehen, können wir manchmal durch traurige Ereignisse gehen. Wir trauern ebenso oder zuerst, weil wir sehen, wie die Menschheit sich immer mehr von Gott entfernt, wie die göttlichen Werte überhaupt nicht mehr geschätzt und gelebt werden, und der Teufel die Menschheit verführt, ganz besonders im Humanismus. Wir werden jedoch getröstet, weil wir die Gewissheit haben, dass dies alles vorübergehen wird; es ist auf Lüge gebaut. Wie gesagt, das passiert schon jetzt. Aber ich denke, letztlich wird sein Trost erlebt werden, wenn sein Reich in der Fülle kommt. So sehe ich, dass auch diese Seligpreisung mit dem kommenden Reich zu tun hat.

5 Glückselig die Sanftmütigen, denn sie werden das Land erben.

Wir sehen in unserer Welt, dass dies normalerweise nicht geschieht. Nach dem Denken der Menschheit sind doch immer die Starken ganz oben. Wenn jemand ein Mitarbeiter in einer Firma ist, muss er ein wirklich Starker sein, dass er ganz an die Spitze kommt. Leider gibt es dieses Denken auch in vielen Gemeinden, das heißt, «ich will mein Amt haben, und dazu muss ich auch ein bisschen Druck und Macht oder Gewalt ausüben, damit ich es erreiche.» Aber die Sanftmütigen, die wirklich den Weg gehen, und die Sanftmut haben, die Gott ihnen gegeben hat, sie sind in unserer Zeit die Armen. Jesus sagt aber: «Sie werden das Land/die Erde erben.» Wir müssen auch verstehen, wenn er da gesprochen hat, hat er zu Juden gesprochen. Es war noch nicht die Zeit, in der das Evangelium zu allen Nationen gegangen ist. Das ist auch eine Verheißung für Israel, dass die Sanftmütigen das Land erben werden, wenn das Reich in der Fülle kommt. Die Verwirklichung dieser Verheißung wird sich jedoch auch auf der ganzen Welt ausbreiten, wenn sein Reich in seiner vollen Dimension kommt.

6 Glückselig, die nach der Gerechtigkeit hungern und dürsten, denn sie werden gesättigt werden.

Wir werden teilweise schon jetzt gesättigt, weil Jesus uns das verheißen hat. Durch seinen Geist bekommen wir etwas, das die Welt uns nicht geben kann. Aber das Allerletzte wird sein, dass wir gesättigt werden, wenn die Zeit kommt, in der er in Gerechtigkeit über die ganze Erde herrscht. Erst dann werden wir ganz gesättigt werden, weil dann das ganze Lebenskonzept völlig anders sein wird als heute. Heute sehen wir so viel Unrecht. Der Humanismus spricht immer davon: «Wir müssen dies und jenes in Ordnung bringen.» Es ist gut, dass es solche Versuche gibt, dennoch müssen wir verstehen, dass die Gerechtigkeit nur in kleinem Maß und Umfang in unserer Weltzeit auf diese Erde kommt. Wenn aber der Herr wiederkommt, wird die Gerechtigkeit in der Fülle kommen, und wir werden gesättigt werden.

7 Glückselig die Barmherzigen, denn ihnen wird Barmherzigkeit widerfahren.

Diese Barmherzigkeit können wir jetzt schon erleben – und das geschieht auch tatsächlich. Wir als Gläubige erkennen und erleben seine Barmherzigkeit uns gegenüber, indem er uns erlöst, uns mit seiner Salbe salbt, wo wir verwundet sind, uns heilt und wiederherstellt. Wir erleben seine Barmherzigkeit auch durch andere Menschen, die uns gegenüber barmherzig sind. Es gibt viele christliche Werke unter den Armen, die auch Gottes Barmherzigkeit offenbaren. Wir werden dies in der Fülle erleben, wenn der Herr wiederkommt und als unser König und Freund in seinem Reich regiert.

8 Glückselig, die reinen Herzens sind, denn sie werden Gott schauen.

Auch diese Verheißung können wir bis zu einem gewissen Grad schon hier erleben, wenn wir von ganzem Herzen den Weg mit Gott gehen und ein ernsthaftes Verlangen nach ihm haben. Dann werden wir ihn im Geiste sehen. Vielleicht bekommt auch jemand ein Gesicht, in dem er oder sie den Herrn sieht. Wichtig ist jedoch, dass wir ihn in unserem Herzen sehen. Das kann ich bezeugen. Als ich gläubig geworden bin, habe ich keine Vision gehabt, durch die ich ihn mit meinen natürlichen Augen gesehen hätte, dennoch habe ich ihn gesehen – jedoch im Geist. Ich habe ihn in meinem Herzen gesehen und erkannt und hatte keinen Zweifel darüber, wer es ist. Ich wusste, es ist Jeschua. Im

Tausendjährigen Reich wird seine Gegenwart alles erfüllen, jeder Aspekt unseres Lebens wird mit seinem Leben erfüllt sein. Wir werden ihn auch zu gewissen Zeiten von Angesicht zu Angesicht sehen. Er wird immer nahe sein.

9 Glückselig die Friedensstifter, denn sie werden Söhne Gottes heißen.

Auch den Begriff der Friedensstifter müssen wir richtig verstehen, weil das Wort hier nicht vom Humanismus. Es spricht von solchen Menschen, die bereit sind zu vergeben und Buße zu tun, sowie wahre Versöhnung durch Jesus zu suchen. Solche Menschen heißen heute schon «Söhne Gottes», aber im Tausendjährigen Reich wird es einfach offenbar werden, dass sie Söhne Gottes sind.

10 Glückselig die um Gerechtigkeit willen Verfolgten, denn ihrer ist das Reich der Himmel.

Die Verfolgung der Gläubigen wird immer mehr zunehmen. Ich habe vor einigen Wochen von einem Mann im Iran gehört, der Moslem war, sich zu Jesus bekehrt hat und Pastor einer Gemeinde wurde. Er wurde deshalb zum Tode verurteilt, aber es gab viele Proteste. Wenn ich mich recht erinnere, wurde er schließlich nicht hingerichtet, sondern freigelassen.

Es muss uns bewusst sein, dass je mehr diese antichristliche Zeit fortschreitet, und wir treu bleiben, wir «Fundamentalisten» genannt werden. Wenn Gläubige an die Bibel glauben, wie es geschrieben ist, gibt es schon heute manche Christen, die sie «Fundamentalisten» nennen. Dann wird es solche Leute geben, die uns als Menschenfeinde betrachten. So war es bei den ersten Christen im Römischen Reich. Sie wurden als Feinde der

Menschheit angesehen, weil sie an Jesus glaubten. Dasselbe wird man auch von uns sagen. Wenn wir daran festhalten, dass es nur einen Weg zum Heil gibt, nämlich Jesus, weil die ganze Schöpfung eine gefallene Schöpfung ist, und dass es nur einen Erlöser gibt, nämlich diesen Jesus, dann gelten wir als menschenfeindlich. Warum? Weil wir sagen, dass jeder andere Weg nicht der wahre Weg ist. Das gefällt dem Humanismus überhaupt nicht, und ebenso wenig der liberalen Theologie.

Ich habe kürzlich von einigen Geschwistern gehört, die in einem Seminar Theologie studieren. Ein Lehrer an ihrem Seminar lehrte: «Wir müssen theozentrisch, aber nicht christozentrisch sein.» Theozentrisch bedeutet in diesem Fall, dass Gott der Mittelpunkt sein muss, aber dass es ganz verschiedene Wege gibt, wie die Menschen zu Gott kommen, nicht nur durch Jesus. Wir müssen verstehen, dass sich unsere Zeit in diese Richtung bewegt. Ich habe auch schon von einem Theologen in der evangelischen Kirche einen ähnlichen Standpunkt gehört. Diese Sicht der Dinge nimmt einfach zu. Sie glauben nicht mehr an das Wort Gottes, dass es wirklich das Wort Gottes ist. Sie glauben nicht, dass es tatsächlich nur einen Weg zu Gott gibt, nämlich durch Jesus. Eine solche Überzeugung passt nicht in die vorherrschende geistige und geistliche Landschaft. Es ist sehr unangenehm, wenn man mit liberalen Leuten oder Humanisten spricht und man bezeugt, dass Jesus allein der Weg ist. Solche Gläubige werden verfolgt, aber Jesus sagt: «... denn ihrer ist das Reich der Himmel.»

Wie wir in der Offenbarung lesen, wird es im letzten Abschnitt der Endzeit sehr viele Märtyrer geben, und zwar in den islamischen Ländern, aber auch in westlichen Staaten. Ich kann mir vorstellen, dass es auch in unserem Land, in Israel, Märtyrer geben wird. Wir erleben ja jetzt schon die negativen Reaktionen, wenn sich einzelne Juden bekehren. Aber wenn wir eine

Erweckung erleben, bei der viele Juden zum Glauben kommen, nicht nur einer hier und einer da, sondern vielleicht Hunderte und Tausende, dann werden uns die religiösen Juden als eine sehr große Gefahr ansehen. Ich bin überzeugt, dass es dann Märtyrer geben wird. Man kann jetzt schon spüren, dass das kommt.

Wir müssen verstehen, dass wir manche Verheißung der Seligpreisungen schon jetzt in dieser Weltzeit erleben können, aber sie in der Fülle erst erfahren werden in seinem Reich, wenn der Herr der König über die ganze Erde ist. Bevor der Herr wiederkommt, wird er seine Brautgemeinde sammeln, die ich wie eine Art Brücke zwischen unserem und dem kommenden Zeitalter betrachte. Ich glaube, dass wir in dieser Brautgemeinde weltweit schon vieles von Gott noch vor der Wiederkunft Jesu erleben werden, aber die Fülle erst, wenn der Herr wiederkommt. Wie wir gesehen haben, haben die Seligpreisungen mit dem kommenden Reich und dem Herrn als König zu tun.

Es ist geradezu das Gebot der Stunde für uns, in unserem Herzen das Verlangen zu bekommen, dass Gott uns erweckt, wenn etwas in uns eingeschlafen ist. Ich spüre es in letzter Zeit in meinem eigenen Leben, dass etwas wach wird in dieser Richtung. Ich habe es immer geglaubt, aber jetzt wird es mir außerordentlich wichtig, voll in der Erwartung der baldigen Wiederkunft des Herrn zu leben. Wenn ich von «bald» spreche, kann ich nicht sagen, wie viel Zeit oder Jahre noch vor uns liegen – ich weiß es nicht. Ich habe jedoch die gegenwärtige Entwicklung in der ganzen Welt vor Augen, die für sich spricht.

Neulich habe ich unterwegs auf einer Reise nach Europa ein Exemplar der Zeitschrift Newsweek in der Hand gehabt, und was ich gelesen habe, hat mich schockiert. Danach haben Frauen jetzt die Möglichkeit, durch das Internet Männer zu erreichen, die ihnen ihren Samen verkaufen, sodass die Frauen schwanger werden können. Offensichtlich sind es nicht nur wenige Frauen, die von dieser Möglichkeit Gebrauch machen, sondern im Gegenteil scheint sich diese Art von Geschäft immer mehr auszubreiten. Dann wurde ein Interview mit einem der Männer abgedruckt, die ihren Samen verkaufen. Er hat sich gerühmt, dass er schon 50 Frauen schwanger gemacht habe. Dies hat in mir den Gedanken ausgelöst, dass die Zeit, die Gott uns noch gibt, nicht mehr viel länger dauern kann, weil das in der Newsweek beschriebene Vorgehen die Zerstörung der Familie bedeutet. Der Feind ist dabei, die Familien kaputt zu machen. Das ist die moderne Technologie, alles ist ganz bequem und für manche sieht es sehr schön aus.

Es gibt viele andere Beispiele, die heute ganz normal sind. Leider trifft das auch in Israel zu. Ich weiß zum Beispiel von einer jungen Frau in der weiteren nachbarschaftlichen Umgebung, die unverheiratet ist, aber zwei Kinder hat, die sie – wie man hört – aufgrund einer künstlichen Befruchtung durch einen Arzt bekommen hat. Dies ist in Israel ein durchaus praktizierter Weg. Auf diese Art kann auch eine künstliche Befruchtung in einer Ehe durchgeführt werden, aber das Kind, das dann zur Welt kommt, wird nie erfahren, wer sein Vater ist. Es geht also um die Zerstörung der Familie, und die Familie hat Gott geschaffen. Wenn die Familie nicht zusammenhält, fällt die Gesellschaft auseinander. Solche Praktiken werden daher zum Zeichen für uns. Es gibt jedoch noch viel mehr Zeichen in verschiedenen Lebensbereichen, die uns zeigen, in welcher Zeit wir leben. Sie reden davon, dass die uns verbleibende Zeit nur noch kurz ist. Gott wartet zwar mit Langmut und möchte, dass so viele Menschen wie möglich zum Glauben kommen, was auch in manchen Ländern auf der Welt erlebt wird, aber schließlich wird Gott sprechen: «Stop – bis hierher und nicht weiter!»

Denken wir an das Buch der Offenbarung. Alles, was wir dort lesen, wird auch geschehen, und wir müssen verstehen, warum es geschehen wird. In unserer Generation sehen die Verhältnisse etwas anders aus als zurzeit Hitlers, weil damals alles mit Gewalt und brutaler Macht ausgeführt wurde. Denken wir nur an den Umgang mit dem sogenannten «lebensunwerten Leben». Wenn damals jemand ein Unterscheidungsvermögen hatte, konnte er oder sie erkennen, dass hier der Böse am Werk war. Aber heute werden auch solche von Gott verbotenen Praktiken auf einer humanistischen, angenehmen Ebene ausgeübt. Es geschieht ohne Gewalt. Man anerkennt es als neuen Lebensstil in einer neuen Gesellschaft, aber man ist blind dafür, wie der Feind unsere Gesellschaft zerstört. Deshalb ist es so wichtig für die Gemeinde Jesu, für die Gläubigen im Reich Gottes, dass wir die Werte, die Gott uns aus seinem Wort durch seinen Geist gibt, treu bewahren. Wir sollen darin leben und keine Kompromisse eingehen. Auf keinen Fall dürfen wir die Türe öffnen für solche Praktiken, denn sie führen zum Tod. Das ist einfach die Tatsache.

11. Jesus Christus, der König

Nun wollen wir Jesus als König anschauen.

Wir wissen, dass Jesus gemäß Sacharja 9, 9 in Jerusalem als König-Messias einzog. Über dieses Ereignis müssen wir ein wenig nachdenken, denn die Christenheit feiert den Palmsonntag, der auf jenen Einzug Jesu in Jerusalem zurückgeht. Es kommen auch jedes Jahr am Palmsonntag viele Christen mit Palmen zum Ölberg. Die Prozessionen werden mit Musik begleitet, um diesen Feiertag würdevoll und festlich zu begehen. Wie viele dieser Pilger denken wohl darüber nach, welche Bedeutung jener damalige Einzug Jesu in Jerusalem hatte? Das ist das Wichtige an diesem Feiertag. Die Bedeutung ist, dass er als Davidischer König nach der Verheißung in Sacharja 9 in die Stadt Jerusalem hineingekommen ist und damit einen Teil jener Prophezeiung erfüllt hat. Es war eine prophetische Handlung, denn die Prophezeiung wird erst voll erfüllt werden, wenn er wiederkommt, von Jerusalem aus regiert und sein Friede sich über die ganze Erde ausbreiten wird. Er ist auf diese Weise in Jerusalem eingezogen, um zu bezeugen: «Ich bin dieser Davidische Messias und Jerusalem ist meine Stadt! Es wird in Erfüllung gehen, was der Engel Gabriel Maria prophezeite, dass ich auf dem Thron meines Vaters David sitzen werde.»

Matthäus 21, 1–5

Und als sie sich Jerusalem näherten und nach Betfage kamen, an den Ölberg, da sandte Jesus zwei Jünger und sprach zu ihnen: Geht hin in das Dorf, das euch gegenüberliegt; und sogleich werdet ihr eine Eselin angebunden finden und ein Fohlen bei ihr. Bindet sie los und führt sie zu mir! Und wenn jemand etwas zu euch sagt, so sollt ihr sprechen: Der Herr braucht sie, und sogleich wird er sie senden. Dies aber ist geschehen, damit erfüllt würde, was durch den Propheten geredet ist, der spricht: «Sagt der Tochter Zion: Siehe, dein König kommt zu dir, sanftmütig und auf einer Eselin reitend, und zwar auf einem Fohlen, dem Jungen eines Lasttiers.»

Hier kommt Jesus als König in die Stadt Jerusalem hinein. Das ist etwas ganz Zentrales im Evangelium. Wir kennen Jesus als das Lamm, als den guten Hirten, als den Weinstock. Aber eigentlich fängt es an mit Jesus als dem König, und ganz am Ende sehen wir, dass es das ganz zentrale Thema ist. Dazu betrachten wir die Situation, als Jesus vor Pilatus stand.

Johannes 18, 33–38 a
Pilatus ging nun wieder hinein in das Prätorium und rief Jesus und sprach zu ihm: Bist du der König der Juden? Jesus antwortete: Sagst du dies von dir selbst aus, oder haben dir andere von mir gesagt? Pilatus antwortete: Bin ich etwa ein Jude? Deine Nation und die Hohenpriester haben dich mir überliefert. Was hast du getan? Jesus antwortete: Mein Reich ist nicht von dieser Welt; wenn mein Reich von dieser Welt wäre, so hätten meine Diener gekämpft, damit ich den Juden nicht überliefert würde, jetzt aber ist mein Reich nicht von hier. Da sprach Pilatus zu ihm: Also bist du doch ein König? Jesus antwortete: Du sagst es, dass ich ein König bin. Ich bin dazu geboren und dazu in die Welt gekommen, dass ich für die Wahrheit Zeugnis gebe. Jeder, der aus der Wahrheit ist, hört meine Stimme. Pilatus spricht zu ihm: Was ist Wahrheit?

Dieses zuletzt ausgesprochene Wort Jesu hat Pilatus nicht verstanden.

Johannes 19, 1–5
Dann nahm nun Pilatus Jesus und ließ ihn geißeln.
Und die Soldaten flochten eine Krone aus Dornen und setzten sie auf sein Haupt und warfen ihm ein Purpurgewand um; und sie kamen zu ihm und sagten: Sei gegrüßt, König der Juden! Und sie gaben ihm Schläge ins Gesicht. Und Pilatus ging wieder hinaus und spricht zu ihnen: Siehe, ich führe ihn zu euch heraus, damit ihr wisst, dass ich keinerlei Schuld an ihm finde. Jesus nun ging hinaus und trug die Dornenkrone und das Purpurgewand. Und er spricht zu ihnen: Siehe, der Mensch!

Die letzte Handlung, die hier geschieht, ist, dass sie ihn lästern. Aber genau diese Lästerung hat damit zu tun, dass er wirklich der König ist. Ganz gewiss konnten die Römer mit dem König der Juden überhaupt nichts anfangen, denn es war ein zutiefst jüdisches Thema, über das Gott schon in der Thora mit seinem Volk gesprochen hatte. Obwohl die römischen Soldaten also nichts davon verstanden, machten sie ihm eine Dornenkrone. Damit sagten sie: «Anstatt dass wir dir eine edle königliche Krone mit Edelsteinen auf das Haupt setzen, flechten wir dir eine Dornenkrone.» Sie werfen ihm ein Purpurgewand um, und nach dem Matthäusevangelium geben sie ihm noch ein Rohr anstatt eines Zepters in seine rechte Hand. Sie beugen die Knie vor ihm und verspotten ihn. Wir kennen ja alle diese Geschichte und haben schon viele von Künstlern gemalte Bilder von dieser Situation gesehen. Wir müssen uns wirklich vorstellen, wie schrecklich es war. Es war eine solch tiefe Demütigung. Doch Gott erlaubte es. Deshalb ist Jesus wirklich das Lamm Gottes, weil er der Demütige ist. Auf diesem Weg brachte er uns die Erlösung.

Wir erinnern uns auch, als Jesus 40 Tage in der Wüste war, stellte der Feind ihn auf einen hohen Berg, zeigte ihm alle Reiche dieser Welt und sprach: *«Das alles will ich dir geben, wenn du niederfällst und mich anbetest»* (Mt 4,9). Jesus aber antwortete: *«Du sollst anbeten den Herrn, deinen Gott, und ihm allein dienen.»* Jesus geht den ganz niedrigen Weg.

Ich frage euch, können wir uns diese Szene der Erniedrigung Jesu im Prätorium vorstellen? Jesus hat ca. 3 Jahre lang gedient, gelehrt, Menschen geheilt und nur wohlgetan, wodurch die Liebe Gottes unter den Menschen offenbar wurde. Und das ist nun sein Ende auf dieser Erde! Aber, wie gesagt, Gott bringt uns auf diesem Weg die Erlösung. Wenn ich über diese Zusammenhänge nachdenke, dann verstehe ich, dass unser Weg in dieser Endzeit der Weg des Lammes sein muss. Wir müssen diesen Weg gehen! Leider hat die Kirche diesen Weg nur selten verstanden, dagegen sehen wir, dass der Hochmut oft regiert hat. Das Christentum wollte ganz oben stehen. Dies ist aber nicht sein Weg. Er hat seinen Jüngern die Füße gewaschen, obwohl er König war. Wir müssen diesen Weg gehen, den er gegangen ist. So kommen wir ans Ziel. Auf einem anderen Weg kommen wir nicht ans Ziel, das Gott für uns vorbereitet hat.

Wenn wir den Anfang der Apostelgeschichte lesen, sehen wir zwei Dinge, die wichtig sind.

Apostelgeschichte 1, 3
Diesen (Aposteln) hat er sich auch nach seinem Leiden in vielen sicheren Kennzeichen lebendig dargestellt, indem er sich vierzig Tage hindurch von ihnen sehen ließ und über die Dinge redete, die das Reich Gottes betreffen.

Das Allerletzte, das er mit seinen Jüngern besprach, hatte mit dem Reich Gottes zu tun.

Dazu noch die letzte Frage, die die Apostel ihm vor seiner Himmelfahrt stellten:

Apostelgeschichte 1, 6–7
Sie nun, als sie zusammengekommen waren, fragten ihn und sagten: Herr, stellst du in dieser Zeit für Israel das Reich wieder her?

Nachdem er nun auferstanden war von den Toten und vierzig Tage mit ihnen verbracht und sie über das Reich Gottes belehrt hatte, empfanden sie ihre Frage doch als ganz natürlich: *Herr, stellst du in dieser Zeit für Israel das Reich wieder her?* Jesus hat darauf *nicht* geantwortet: «Nein, das ist vorbei, das wird nicht mehr kommen. Jetzt habe ich ein neues Volk erwählt. Es ist aus mit den Juden!»

Er sprach zu ihnen: Es ist nicht eure Sache, Zeiten oder Zeitpunkte zu wissen, die der Vater in seiner eigenen Vollmacht festgesetzt hat.

Was bedeutet diese Antwort? Beim Vater im Himmel ist die Zeit und der Zeitpunkt schon festgesetzt, wann er das Reich für Israel wieder herstellen wird. Das Reich für Israel bedeutet nicht nur für Israel, sondern für die ganze Menschheit und die ganze Erde. Jesus ist König der Juden und auch König aller Könige. Wenn er auf dem Davidischen Thron sitzt, reicht seine Herrschaft über die ganze Erde. Diese Zeiten und Zeitpunkte sind also schon längst im Himmel festgesetzt. Wir wissen nicht, wann sie erfüllt sein werden, aber wir sollen im Glauben darauf warten.

12. Laubhüttenfest: Die Wiederherstellung seiner Gemeinde durch das Wort Gottes

Bevor wir uns mit dem Laubhüttenfest beschäftigen, habe ich anhand von 3. Mose 23 eine Liste der Feste zusammengestellt, die die Schrift «die heiligen Versammlungen» nennt. Alle diese Feste haben eine eschatologische Bedeutung. Das bedeutet, dass sie nicht nur die lokalen Feste Israels sind, was sie in der Tat bis zum heutigen Tag sind, sondern auch eine prophetische Bedeutung haben. Ich habe darüber einmal ein Seminar gehalten, das anschließend als Buch «Die heiligen Versammlungen Israels» erschien.

Die Liste fängt an mit dem Schabbat. Der Schabbat ist die Grundlage für alle Feste, die Gott gegeben hat. Dann folgen sieben Feste.

- Das erste Fest ist das Passahfest, das am 14. des ersten Monats – also im Frühling – begangen wird.
- Anschließend haben wir, biblisch gesehen, am 15. des ersten Monats das Fest der ungesäuerten Brote. Heute sind das Passahfest und das Fest der ungesäuerten Brote zu einem Fest geworden, aber in der Bibel werden sie als zwei Feste aufgeführt.
- Jetzt folgt das Fest «Die Garbe der Erstlinge». Das Fest wird am Tag nach dem ersten Schabbat, das heißt am Tag nach dem Fest der ungesäuerten Brote, also am Sonntag, begangen. An jenem Sonntag nahm der Priester die Garbe der Erstlinge, nämlich die erste Garbe der Ernte, in die Hand und schwang sie. Dieses Fest wird als Hinweis auf die Auferstehung unseres

Herrn betrachtet, weil er als Erstling der Entschlafenen am Sonntag nach dem Passahfest und dem Fest der ungesäuerten Brote auferstanden ist.

- Dann folgt Schawuot, also das Pfingstfest, das 50 Tage nach dem Fest «der Garbe der Erstlinge» gefeiert wird.
- Nach dem Schawuot fangen mit einem zeitlichen Abstand über die Sommermonate die Herbstfeste an.
- Das erste der Herbstfeste ist das Fest vom Lärmhorn (andere Übersetzung: Fest des Posaunenblasens). Heute heißt dieses Fest Rosch ha Schana, das jüdische Neujahr. Aber in der Bibel wird es nicht als Neujahrsfest bezeichnet. Die Bibel sagt uns nicht sehr viel über dieses Fest. Man blies an diesem Tag das Lärmhorn (Schofarhorn oder Posaune) und versammelte die Menschen, um sie auf den Versöhnungstag vorzubereiten.
- Als nächstes Fest folgt der Versöhnungstag, an dem der Hohepriester einmal im Jahr ins Allerheiligste ging, um die Bundeslade mit Blut zu besprengen. Er ging zuerst stellvertretend für sich und seine Söhne in das Allerheiligste, dann stellvertretend für das ganze Volk nochmals in das Allerheiligste, wo er Gott um Vergebung der Sünden bat.
- Schließlich kommt das siebte Fest, das Laubhüttenfest, das man sieben Tage lang feiert. Es ist ein Fest von sieben Tagen plus einem Tag, sodass man auch noch am achten Tag feiert. Wir beschäftigen uns jetzt speziell mit dem Laubhüttenfest, weil es das Letzte in der Reihe der Feste im biblischen Kalender ist. Es hat eine sehr große prophetische Bedeutung für die letzte Phase der Endzeit und das Wiederkommen unseres Herrn.

Es ist wichtig, dass wir die Bedeutung der von Gott angeordneten Feste verstehen, weil dieses Wissen in der Kirche ganz verloren ging. Die Kirche wollte völlig unabhängig von Israel sein und keine Beziehung mehr mit Israel bewahren. Im 4. Jahrhundert, im 2. Konzil von Nizäa, fasste man den Beschluss, das Datum für das Osterfest der Christenheit zu ändern, sodass die Christen die Auferstehung des Herrn auf keinen Fall gleichzeitig mit dem Passahfest der Juden feiern. Damit wollte man ausdrücken, dass die Christenheit keine Beziehung zu den jüdischen Festen hat. Aber die Bibel nennt diese Feste nicht «jüdische Feste», sondern «die heiligen Versammlungen Gottes».

So hat man eine Trennung vollzogen mit dem Gedanken, dass nun die Kirche das Volk Gottes sei und nicht mehr die Juden. Aber auf diesem Weg hat die Christenheit sich von der Wurzel abgeschnitten und auch das Eschatologische, das Prophetische verloren. Warum? Weil Gott in der Geschichte immer noch nach diesen Festen handelt. Sie haben jetzt eine globale Bedeutung, auch wenn dies den Christen nicht mehr bewusst ist. Wir wissen ja, dass die beiden ersten Feste, Passah und Schawuot (Pfingsten), für uns als gläubige Menschen eine Bedeutung haben, weil Jesus selbst das Passahfest feierte. Er wurde am Passahfest gekreuzigt und ist am Passahfest auch auferstanden. Am Pfingsttag wurde der Heilige Geist ausgegossen. Zu diesen beiden Festen hat die Christenheit noch eine Beziehung. Dennoch erinnert man sich nicht so genau daran, dass diese Feste in engem Zusammenhang mit den Festen stehen, die Gott Israel gegeben hatte.[2]

Viele Christen wissen eigentlich nicht, wenn sie am Abendmahl teilnehmen, woher es kommt. Sie denken nicht daran, dass Jesus das Abendmahl beim Passahfest einsetzte, als er es das letzte Mal mit seinen Jüngern feierte. Ich möchte einfach auf diese Entwicklung in der Kirchengeschichte aufmerksam machen, weil dadurch etwas ganz Wichtiges verloren ging, und Gott will, dass es wiederhergestellt wird. Die Frage ist, wie wir als Gläubige die Feste feiern sollen. Ich denke, das muss uns Gott durch seinen Geist zeigen, damit wir erkennen, welche Beziehung wir

---

2 Benjamin Berger schrieb dazu das Buch «Die heiligen Versammlungen Israels»

zu den von Gott angeordneten Festen haben sollen. Auf jeden Fall sollen wir verstehen, dass sie eine prophetische Bedeutung für uns haben, ganz besonders das letzte Fest, das Laubhüttenfest, wenn auch das Lärmhornfest und der Versöhnungstag noch nicht messianisch erfüllt wurden, was ganz sicher noch geschehen wird. Das allerletzte Fest ist, wie bereits ausgeführt, das Laubhüttenfest. Es ist das siebente Fest und es ist ein Schabbatfest, weil Gott an diesem Fest zu seinem Ziel kommt. Alles, was bis zu diesem Fest noch nicht in Erfüllung gekommen ist, wird nun – bei Anbruch dieses Festes – in Erfüllung gehen, weil es mit der Vollendung zu tun hat. Darum ist es etwas ganz Wichtiges. Wie wird es in Erfüllung gehen?

In der Bibel hat dieses Fest verschiedene Aspekte. Das Erste ist, dass das Laubhüttenfest eine enge Verknüpfung mit dem Wort Gottes hat. Das können wir sehen in…

5. Mose 31, 9–13

9 Und Mose schrieb dieses Gesetz auf und gab es den Priestern, den Söhnen Levi, die die Lade des Bundes des HERRN trugen, und allen Ältesten von Israel.

10 Und Mose befahl ihnen und sagte: Am Ende von sieben Jahren, zur Zeit des Erlassjahres, am Fest der Laubhütten (Hervorhebung d. V.),

11 wenn ganz Israel kommt, um vor dem HERRN, deinem Gott, an der Stätte zu erscheinen, die er erwählen wird, sollst du dieses Gesetz vor ganz Israel ausrufen lassen, vor ihren Ohren.

12 Versammle das Volk, die Männer und die Frauen und die Kinder und deinen Fremden, der in deinen Toren wohnt, damit sie hören und damit sie lernen und den HERRN, euren Gott, fürchten und darauf achten, alle Worte dieses Gesetzes zu tun!

13 Und ihre Kinder, die es nicht wissen, sollen zuhören, damit sie den HERRN, euren Gott, fürchten lernen alle Tage, die ihr in dem Land lebt, in das ihr über den Jordan zieht, um es in Besitz zu nehmen.

Im 10. Vers heißt es: *«Nach sieben Jahren, zur Zeit des Erlassjahres am Fest der Laubhütten»*. Das bedeutet, dass es im siebten Jahr, einem Schabbatjahr, verboten war, zu pflanzen und zu ernten. Das ganze Land musste ruhen. Die orthodoxen Juden in Israel feiern das siebte Jahr auch heute noch. In diesem Jahr kaufen sie keine Produkte, die aus Israel kommen, weil sie sagen: «Das Land muss ruhen, wenn aber das Land nicht ruht, kaufen wir keine Produkte aus Israel!» (Bei diesem Erlassjahr am Ende von sieben Jahren handelt es sich nicht um das Jubeljahr im 50. Jahr. Im Jubeljahr wurden zum Beispiel Schulden erlassen, für hebräische Sklaven der Sklavendienst beendet, sodass sie in ihre Familien zurückkehren konnten, und jeder kam wieder zu seinem Eigentum).

Der zitierte Text bedeutet, dass man das ganze Volk immer am Ende des siebten Jahres, des Erlassjahres, am Laubhüttenfest versammeln musste, damit sie zuhörten, was im Wort Gottes steht. Was war der Grund dafür?

In erster Linie können wir ganz praktisch sagen, dass damals nicht jeder eine Bibel hatte, wie wir sie haben. Es gab eine Schriftrolle, die vielleicht die Priester besaßen. Die Absicht war, dass das Volk Gottes wieder das Wort Gottes hörte. Das Wort Gottes, wenn wir es durch den Geist Gottes richtig hören und verstehen, bringt uns immer zu Gott zurück und zu dem, was er uns zu sagen hat. Wir wissen, wenn wir nicht eine tiefere Beziehung zum Wort Gottes haben, geht so vieles verloren. Aus diesem Grund musste sich ganz Israel versammeln und das Wort Gottes hören.

Es gibt etwas Ähnliches im Buch Nehemia, als die Israeliten aus Babylon nach Israel zurückkamen. Im Exil in Babylon war auch manches geschehen, wodurch sie sich von Gott entfernten. Deshalb entschlossen sie sich, das ganze Volk zu versammeln, eine Bühne aufzubauen, von der aus das Wort Gottes dem ganzen Volk vorgelesen wurde. Es standen auch Priester auf der Bühne, die dem Volk Gottes das Wort Gottes erklärten. Dieses Ereignis geschah damals am Anfang des siebten Monats, also dieses Mal nicht zurzeit des Laubhüttenfestes.

Nehemia 8, 1–3; 13–18

1 da versammelte sich das ganze Volk wie ein Mann auf dem Platz, der vor dem Wassertor war. Und sie sagten zu Esra, dem Schriftgelehrten, er solle das Buch mit dem Gesetz des Mose herbeibringen, das der HERR dem Volk Israel geboten hatte.
2 So brachte am ersten Tag des siebten Monats der Priester Esra das Gesetz vor die Versammlung, vor Männer und Frauen, und vor jeden, der zu hören verstand.
3 Und er las daraus vor auf dem Platz, der vor dem Wassertor war, vom ersten Tageslicht bis zum Mittag in Gegenwart der Männer und Frauen und aller, die es verstehen konnten. Und die Ohren des ganzen Volkes waren auf das Buch des Gesetzes gerichtet.

13 Und am zweiten Tag versammelten sich die Familienoberhäupter des ganzen Volkes, die Priester und die Leviten, zu Esra, dem Schriftgelehrten, und zwar um Einsicht in die Worte des Gesetzes zu gewinnen.
14 Da fanden sie im Gesetz, das der HERR durch Mose geboten hatte, geschrieben, dass die Söhne Israel an dem Fest im siebten Monat in Laubhütten wohnen sollten,
15 sodass sie verkündigten und durch all ihre Städte und durch Jerusalem den Ruf ergehen ließen: Geht hinaus auf das Gebirge und holt Zweige vom Olivenbaum und Zweige vom wilden Ölbaum und Myrtenzweige und Palmzweige und Zweige von dichtbelaubten Bäumen, um Laubhütten zu machen, wie es geschrieben steht!
16 Da zog das Volk hinaus und brachte die Zweige herbei. Und sie machten sich Laubhütten, jeder auf seinem Dach oder in ihren

Höfen, in den Höfen des Hauses Gottes, auf dem Platz am Wassertor und auf dem Platz am Tor Ephraim.
17 Und die ganze Versammlung, alle, die aus der Gefangenschaft zurückgekehrt waren, machten Laubhütten und wohnten in den Hütten. Denn die Söhne Israel hatten es nicht mehr so gehalten seit den Tagen Josuas, des Sohnes Nuns, bis auf jenen Tag. Und es war eine sehr große Freude.
18 Und man las aus dem Buch des Gesetzes Gottes Tag für Tag vor, vom ersten Tag bis zum letzten Tag. Und sie feierten das Fest sieben Tage lang. Und am achten Tag war die Festversammlung nach der Vorschrift.

Im Vers 15 ist geschrieben, dass für die Laubhütten Zweige vom (edlen) Olivenbaum *und* vom wilden Olivenbaum gesammelt werden mussten. Es ist sehr interessant, dass wir hier beide haben. Im Judentum wird bis heute gedacht, dass das Laubhüttenfest auch ein Fest für die Nationen ist. Deshalb opferte man am Laubhüttenfest siebzig Opfer, weil es nach der biblischen Tradition – siehe im 1. Mosebuch – 70 Nationen gibt. Sicher gibt es heute viel mehr als 70 Nationen, aber dies ist die klassische Zahl für die Nationen.

Sehr interessant ist hier, dass sowohl der edle als auch der wilde Ölbaum erwähnt werden, auch im Blick darauf, welchen Zusammenhang Paulus zwischen dem edlen und wilden Ölbaum hergestellt hat.

Wir sehen hier wieder, was geschah, als sie die Schrift lasen. Es ist sehr erstaunlich, dass sie das Laubhüttenfest nicht mehr auf diese Weise gefeiert hatten seit der Zeit Josuas, als sie ins verheißene Land eingezogen waren. Ich glaube, dass sie das Fest zwar feierten, aber keine Laubhütten bauten, denn wir erfahren aus dem Wort Gottes, dass Salomo den Tempel am Fest im Monat

Etanim einweihte.[3] Dieses Fest im Monat Etanim war das Laubhüttenfest. Es war für Salomo wichtig, dass die Einweihung des Tempels zurzeit des Laubhüttenfestes stattfand. Dennoch hatten sie das Fest der Laubhütten seit der Zeit Josuas nicht mehr auf die vollkommene Weise gefeiert. Das ist eine lange Zeit. Aber das Wort Gottes brachte sie zurück, und sie verstanden, was sie vergessen hatten. Das hat mit Wiederherstellung zu tun, das ist so wichtig.

Wir brauchen eine tiefe Beziehung zum Wort Gottes, besonders in der Zeit, in der wir jetzt leben, weil dies eine Zeit der Wiederherstellung ist. Ohne das Wort Gottes kann die vollkommene Wiederherstellung nicht geschehen. Leider sehen wir, dass Christen oft nur eine Beziehung zu Teilen des Wortes Gottes haben. Man erlebt auch, dass Gläubige häufig nur ein Losungswort am Tag lesen, wozu ein oder zwei Worte Gottes gehören. Aber eine Beziehung zum ganzen Wort Gottes fehlt uns noch. Wir wissen zum Beispiel von der katholischen Kirche, dass bis zum 2. Vatikanischen Konzil keiner das Wort Gottes las. Nur die Priester lasen es, oft in Lateinisch, sodass keiner es verstand. Und so lebten sie nach Traditionen, hatten aber wirklich nicht die Beziehung zum Wort Gottes, die sie brauchten. Heute gibt es etwas mehr, aber auch nicht genügend. Wenn wir das Laubhüttenfest verstehen wollen als ein Fest, in dem Gott wiederherstellt, dann hat dies mit dem Wort Gottes zu tun. Die Wiederherstellung seiner Gemeinde durch das Wort Gottes ist etwas sehr Wichtiges.

---

[3] 1. Könige 8, 1–11, insbesondere Vers 2 sowie 2. Chronik 5, 3;

13. Was hat das Laubhüttenfest mit der Verklärung Jesu zu tun?

Ich möchte weitere Aspekte des Laubhüttenfestes betrachten, weil es mit der Wiederherstellung zu tun hat.

Bei den folgenden Bibelversen geht es um die Verklärung Jesu auf dem Berg der Verklärung. Meistens haben wir auch dazu keine richtige Beziehung. Die Verklärung Jesu war etwas ganz Gewaltiges und ich glaube, dass die drei Jünger, die mitgingen und Jesus so erlebten, völlig überrascht waren. Sie kannten ihn ja, waren Tag und Nacht mit ihm zusammen, aber sie hatten ihn bis zu jenem Augenblick nie auf diese Weise in seiner vollen Herrlichkeit erlebt.

Matthäus 16, 28

Wahrlich, ich sage euch: Es sind einige von denen, die hier stehen, die werden den Tod keinesfalls schmecken, bis sie den Sohn des Menschen haben kommen sehen in seinem Reich.

Was hat Jesus wohl mit diesen Worten gemeint? Meinte er, dass manche seiner Zuhörer nicht sterben, sondern leben würden bis in unsere Zeit? Ich glaube nicht, dass Jesus diesen Gedanken ausdrücken wollte. Der Vers hat etwas zu tun mit der Verklärung, die uns etwas zeigt im Blick auf das Kommen des Messias in seinem Reich. Es ist ein prophetisches Bild von seinem Kommen. Bevor ich meinen Gedanken anhand der Verklärung Jesu in Matthäus fortsetze, möchte ich noch einen Gedanken von Petrus einfügen, mit dem er uns etwas über die Verklärung sagt.

2. Petrus 1, 16–21

16 Denn wir haben euch die Macht und Ankunft unseres Herrn Jesus Christus kundgetan, nicht indem wir ausgeklügelten Fabeln

folgten, sondern weil wir Augenzeugen seiner herrlichen Größe gewesen sind.
17 Denn er empfing von Gott, dem Vater, Ehre und Herrlichkeit, als von der erhabenen Herrlichkeit eine solche Stimme an ihn erging: «Dies ist mein geliebter Sohn, an dem ich Wohlgefallen gefunden habe.»
18 Und diese Stimme hörten wir vom Himmel her ergehen, als wir mit ihm auf dem heiligen Berg waren.
19 Und so besitzen wir das prophetische Wort um so fester, und ihr tut gut, darauf zu achten als auf eine Lampe, die an einem dunklen Ort leuchtet, bis der Tag anbricht und der Morgenstern in euren Herzen aufgeht,
20 indem ihr dies zuerst wisst, dass keine Weissagung der Schrift aus eigener Deutung geschieht.
21 Denn niemals wurde eine Weissagung durch den Willen eines Menschen hervorgebracht, sondern von Gott her redeten Menschen, getrieben vom Heiligen Geist.

Zu Vers 20: Einen kurzen Augenblick möchte ich an diesem wichtigen Vers verweilen. Wir haben so viele Auslegungen. Es ist gut und wichtig, dass wir die Schrift auslegen, aber wir sollen dabei nicht spekulieren. Wir müssen darauf achten, dass wir nicht unsere eigenen Ideen hier einsetzen. Wir müssen alle vorsichtig sein und darum beten, dass der Herr uns hilft, wenn wir das prophetische Wort lesen, sodass wir wirklich Leitung vom Heiligen Geist bekommen und nicht unsere eigene Auslegung machen. Es gibt so viele Auslegungen zum Beispiel über die Offenbarung des Johannes oder die Entrückung oder die Zeit der Trübsal. Viele haben eine Auslegung, die sie darstellen, als wäre es die vollkommene Wahrheit. So halten viele christliche Gruppen fest an ihrer Auslegung. Sie denken: *«Das ist es, wir haben es!»* Aber hier haben wir eine Warnung, und es ist eine gute Warnung, *«dass keine Weissagung der Schrift aus eigener Deutung geschieht. Denn niemals wurde eine Weissagung durch den Willen eines Menschen hervorgebracht, sondern von Gott her redeten Menschen, getrieben vom Heiligen Geist.»* Das waren die wahren Propheten.

Also Petrus ist hier Zeuge der Verklärung Jesu. Er bezeugt, was er erlebte, dass er die Stimme des Vaters hörte, der sagte: *«Das ist mein geliebter Sohn, an dem ich Wohlgefallen gefunden habe.»* Er sieht dieses Ereignis auf dem Berg der Verklärung jedoch als etwas Prophetisches. Darum redet er über das prophetische Wort. Er erlebte es nicht nur als ein herrliches Geschehen, sondern er hatte verstanden: «Ja, es ist ein ganz herrliches Geschehen, aber es hat seine prophetische Bedeutung.» Was ist die prophetische Bedeutung? Ich kann nur sagen, was ich aus der Schrift verstehe, und ich hoffe, dass es stimmt. Sicher hat Gott noch viel mehr zu sagen als ich sagen werde.

Matthäus 17, 1–8

Und nach sechs Tagen nimmt Jesus den Petrus und Jakobus und Johannes, seinen Bruder, mit und führt sie abseits auf einen hohen Berg. Und er wurde vor ihnen umgestaltet. Und sein Angesicht leuchtete wie die Sonne, seine Kleider aber wurden weiß wie das Licht; und siehe, Mose und Elia erschienen ihnen und unterredeten sich mit ihm. Petrus aber begann und sprach zu Jesus: Herr, es ist gut, dass wir hier sind. Wenn du willst, werde ich hier drei Hütten machen, dir eine und Mose eine und Elia eine. Während er noch redete, siehe, da überschattete sie eine lichte Wolke, und siehe, eine Stimme kam aus der Wolke, welche sprach: Dieser ist mein geliebter Sohn, an dem ich Wohlgefallen gefunden habe. Ihn hört! Und als die Jünger es hörten, fielen sie auf ihr Angesicht und fürchteten sich sehr. Und Jesus trat herbei, rührte sie an und sprach: Steht auf und fürchtet euch nicht! Als sie aber ihre Augen aufhoben, sahen sie niemand als ihn, Jesus, allein.

Normalerweise denkt man, dass es sich bei dem Berg um den Berg Tabor handelt. Ich denke, es könnte auch der Hermon sein, weil man in der Schrift liest, dass sie sechs Tage zuvor in Cäsarea Philippi waren. Dort bekannte Petrus, dass Jesus der Messias, der Sohn des lebendigen Gottes ist. Cäsarea Philippi liegt am Fuße des Berges Hermon. So kann es sein, dass sie in dieser Gegend blieben und von dort aus auf den Berg Hermon stiegen.

Wie ich schon erwähnte, bekannte Petrus in Matthäus 16, 16: «Du bist Christus, der Sohn des lebendigen Gottes.» Dieses Bekenntnis geschah sechs Tage, bevor Jesus mit drei Jüngern auf den Berg der Verklärung stieg.

Am Versöhnungstag, dem 10. des siebten Monats, wurde im Tempel der heilige Name Jahwes laut ausgesprochen und bekannt. Man kann nun feststellen, dass Petrus den Namen Gottes «Christus, der Sohn des lebendigen Gottes» am Versöhnungstag ausgesprochen hat. Nach dem Matthäusevangelium gingen Jesus und drei seiner Jünger sechs Tage später auf den Berg, also am 15. des Monats, als das Laubhüttenfest anfing, an dem man in Laubhütten wohnt. Genau an diesem Tag sagte Petrus auf dem Berg: *«Wenn du willst, werde ich hier drei Hütten machen, dir eine und Mose eine und Elia eine»* (Vers 4). In der hebräischen Bibel ist es so übersetzt, dass er drei Laubhütten bauen wollte.

Noch ein Wort zum Namen Gottes, Jahwe, der nur am Versöhnungstag laut ausgesprochen wurde. Da im Hebräischen keine Vokale geschrieben werden, wird Jahwe im Hebräischen JHWH geschrieben. Als Jesus am Kreuz hing, befestigte Pilatus die Anklageschrift über seinem Haupt in Lateinisch, Griechisch und Hebräisch «Jesus von Nazareth (wörtlich: der Nazoräer), der König der Juden». Im Hebräischen lautete die Aufschrift entweder: «Jeschua HaNozri Melech HaJehudim» oder «Jeschua HaNozri WeMelech HaJehudim». Wenn die letztere Formulierung zutrifft, bilden die Anfangsbuchstaben der Worte den Namen

«JHWH» = «JAHWE». Dies ist eine Parallele zu der uns bekannten Zusammenfassung der lateinischen Anfangsbuchstaben «INRI». Es war also genau der heilige Name am Kreuz, den man außerhalb vom Versöhnungstag nicht auszusprechen wagte.

Der Vers 2 sagt, dass Jesus umgestaltet wurde, dass sein Angesicht leuchtete wie die Sonne. Das heißt, es war kein reflektiertes Licht, das Licht ist aus ihm gekommen. Er ist das wahre Licht.

Dann fährt der Vers 2 fort: *«… seine Kleider aber wurden weiß wie das Licht.»* Im Markusevangelium heißt es, dass kein Bleicher auf Erden ein solches Weiß hervorbringen kann. Das können wir uns also gar nicht vorstellen.

Wir wollen versuchen zu verstehen, wenn das eine prophetische Bedeutung hat, welche ist es dann?

Wir können weiter der Frage nachgehen, warum Petrus drei Laubhütten bauen wollte. Wir wissen schon, dass nun Laubhüttenfest war. Damit ist die Frage jedoch noch nicht ganz geklärt. Es gibt auch Erklärungen von den Gläubigen aus den Nationen. Eine davon sagt, jede Hütte stelle ein konfessionelles Denken dar, also eine Konfession für Jesus, eine für Mose und eine für Elia. Aber das war nicht der Sinn der Frage des Petrus, denn in diesen Kategorien hat er nicht gedacht.

Wir haben verstanden, was Petrus in seinem zweiten Brief geschrieben hat, dass dieses Ereignis eine prophetische Bedeutung hat. Diese prophetische Bedeutung hat mit der Erfüllung des Laubhüttenfestes zu tun. Diese wiederum hängt mit der Aussage Jesu in Matthäus 16, 28 zusammen, dass *«einige von denen, die hier stehen, die werden den Tod keinesfalls schmecken, bis sie den Sohn des Menschen haben kommen sehen in seinem Reich.»*

Die Jünger haben Jesus so gesehen, wie wir ihn sehen werden, wenn unser Herr wiederkommt in Herrlichkeit. Es ist das erste Mal und vielleicht auch das letzte Mal, dass die Jünger ihn so sahen außer, Johannes, der ihn im Buch der Offenbarung auf diese Weise sah. Das ist das Eine.

Dann können wir die Frage stellen, welche Bedeutung Mose und Elia hier haben.

14. Warum ist Mose auf dem Berg der Verklärung?

Normalerweise wird gesagt, Mose sei der Stellvertreter für das Gesetz und Elia für die Propheten. Das will sagen, das Gesetz und die Propheten bezeugen, dass Jesus der Messias ist. Ich denke, es gibt eine gewisse Wahrheit in diesem Verständnis, aber ich glaube nicht, dass es uns das Vollkommene zeigt, welche Bedeutung Mose und Elia hier haben. Ich denke, es geht tiefer.

Wir erinnern uns vor allem, dass Mose nicht in das verheißene Land hineinkam. Er sah es von Weitem, ist aber nicht hineingekommen. Josua brachte das Volk ins Land Israel hinein. Aber hier auf dem Berg der Verklärung stand nun Mose im verheißenen Land. Mose ist bis zu diesem Tag der Stellvertreter für das Volk Israel. Der ganze jüdische Glaube heute heißt «der Glaube des Mose». Das bedeutet, wie schon gesagt, dass er der Stellvertreter für das Volk Israel ist.

Ich möchte hier an einen Zusammenhang aus dem Leben von Mose erinnern, der in 2. Mose 33 beschrieben wird. Doch bevor ich dieses Wort zitiere, noch eine kurze Erläuterung:

Mose bittet den Herrn, das Volk Israel weiterhin durch die Wüste zu führen. Wenn er dies jedoch nicht tun sollte, will Mose den Weg nicht weitergehen.[4] Mose will außerdem die Herrlichkeit Gottes sehen.

2. Mose 33, 17–23

17 Der HERR antwortete Mose: Auch diesen Wunsch, den du jetzt ausgesprochen hast, werde ich erfüllen; denn du hast Gunst gefunden in meinen Augen, und ich kenne dich mit Namen.

---

[4] Siehe 2. Mose 33, 15–16

18 Er aber sagte: Lass mich doch deine Herrlichkeit sehen!
19 Er antwortete: Ich werde all meine Güte an deinem Angesicht vorübergehen lassen und den Namen Jahwe vor dir ausrufen: Ich werde gnädig sein, wem ich gnädig bin, und mich erbarmen, über wen ich mich erbarme.
20 Dann sprach er: Du kannst es nicht ertragen, mein Angesicht zu sehen, denn kein Mensch kann mich sehen und am Leben bleiben.
21 Weiter sagte der HERR: Siehe, hier ist ein Platz bei mir, da sollst du dich auf den Felsen stellen.
22 Und es wird geschehen, wenn meine Herrlichkeit vorüberzieht, dann werde ich dich in die Felsenhöhle stellen und meine Hand schützend über dich halten, bis ich vorübergegangen bin.
23 Dann werde ich meine Hand wegnehmen, und du wirst mich von hinten sehen; aber mein Angesicht darf nicht gesehen werden.

Zum Vers 17: Gott kennt ihn mit Namen und er kennt jeden von uns Gläubigen mit Namen. Das gehört im Augenblick nicht direkt zu unserem Zusammenhang, ich erwähne es trotzdem, weil es so wichtig und gewaltig ist.

Hier haben wir es mit einem gewaltigen Geheimnis zu tun. Paulus verstand dieses Geheimnis. Mose wollte die Herrlichkeit Gottes sehen; die Herrlichkeit Gottes liegt zuletzt im Angesicht Gottes. Wenn wir das Angesicht Gottes sehen – und das ist das Angesicht von Jeschua HaMaschiach[5] – dann sehen wir Gott in seiner vollen Herrlichkeit. Der Herr antwortet Mose, dass er ihm einen großen Teil seines Wunsches erfüllt. Aber im Blick auf sein Begehren, die Herrlichkeit Gottes zu sehen, erwidert der Herr: *«Mein Angesicht kannst du nicht sehen!»* (2. Mose 33, 20) Es ist an dieser Stelle wichtig zu verstehen, dass Mose hier Repräsentant für das ganze Volk Israel ist. Die Beschreibung Gottes ist hier so, dass er eine menschliche Hand hat. Gott stellt ihn

[5] Siehe 2. Korinther 4, 6

in eine Felsenhöhle und hält seine Hand schützend über seine Augen, sodass Mose nicht sehen kann, wie der Herr vorbeigeht. Dann nimmt er seine Hand weg, und Mose kann ihn von hinten sehen. Aber Gottes Angesicht darf er nicht sehen.

Wir erinnern uns auch, dass Mose, als er vom Berg Sinai herunterkam, etwas ausstrahlte von der Herrlichkeit Gottes. Es war allerdings nicht die vollkommene Herrlichkeit, weil die Thora nicht die Offenbarung der vollkommenen Herrlichkeit Gottes ist. Er strahlte jedoch etwas aus, weshalb die Menschen nicht in sein Angesicht schauen wollten. Deshalb deckte er immer sein Angesicht zu, wenn er mit den Menschen redete. Wenn er dann ins Zelt der Begegnung ging, nahm er den Schleier weg. Diese Begebenheit bei Mose bestätigt etwas, das Paulus sagt, dass bis zu diesem Tag ein Schleier auf den Augen des jüdischen Volkes liegt, aber der Schleier wird weggenommen. Hier in der Verklärung wird der Schleier von Mose weggenommen, und er sieht die Herrlichkeit Gottes, die er damals bei der Wüstenwanderung nicht sehen konnte. Das heißt, er sieht die vollkommene Offenbarung Gottes in der Person von Jeschua HaMaschiach. Es ist auch ein Übergang vom Gesetz oder der Thora hinein in den Neuen Bund, wenn wir – das Volk Israel – das Angesicht Gottes sehen. Und so als Repräsentant des Volkes Israel wird hier in Mose etwas Prophetisches gezeigt, dass der Tag kommen wird – und er ist verbunden mit dem zweiten Kommen von Jeschua – dass die Binde oder der Schleier weggenommen wird von den Augen Israels, und sie werden ihn sehen in seiner Herrlichkeit. Und sie werden erkennen, wer er ist. So verstehe ich die tiefere Bedeutung aus dem Wort Gottes, warum Mose auf dem Berg der Verklärung steht.

15. Warum ist Elia auf dem Berg der Verklärung?

Und nun zu Elia. Die Jünger stellen Jesus nach dem Erlebnis auf dem Berg der Verklärung eine wichtige Frage im Blick auf Elia.

Matthäus 17, 10–11
Und die Jünger fragten ihn und sprachen: Was sagen denn die Schriftgelehrten, dass Elia zuerst kommen müsse? Er aber antwortete und sprach zu ihnen: Elia kommt zwar und wird alle Dinge wiederherstellen.

Warum stellen die Jünger Jesus diese Frage? Weil sie zuerst Jesus sahen und dann Mose und Elia. Von dieser Frage her können wir verstehen, dass sie es als etwas Prophetisches erlebten, sonst hätten sie diese Frage nicht gestellt. Sie haben zu ihrer Zeit in diesem prophetischen Sinn noch nicht erlebt, dass Elia vor dem Messias kommen wird. Aber so denkt man in der jüdischen Tradition, was bis heute zutrifft. Ich erinnere an die Feier des Passahfestes. Dort gibt es immer einen Kelch für Elia. Welche Bedeutung hat das? Man hat die Tradition, dass Elia kommen wird, bevor der Messias kommt. So gibt es eine Zeit am Sederabend, zu der man die Türe öffnet für Elia, damit er hereinkommen kann. Der Platz und der Kelch sind auch für ihn vorbereitet. Dann singt man das Lied «Elia der Prophet, Elia aus Tischbi ...» So hat Elia in der jüdischen Tradition einen sehr wichtigen Platz.

Wir sehen, dass er diesen Platz schon im Neuen Testament hatte mit der Erscheinung von Johannes dem Täufer als einem, der gekommen ist im Geiste Elias. Wie gesagt, war jenes Denken über Elia noch zurzeit des Neuen Testaments da, und es wurde teilweise erfüllt mit Johannes dem Täufer. Es gibt noch etwas in der jüdischen Tradition, das mit Elia zu tun hat. Wenn ein Kind am achten Tag beschnitten wird, muss die Person, die das Kind hält, während der Beschneidung des Kindes auf einen besonderen Stuhl sitzen. Dieser Stuhl heißt «der Stuhl des Elia». Damit will man sagen, dass derjenige, der das Kind hält, irgendwie Repräsentant für Elia ist, der das Kind hält. Wiederum hat Elia hier zu tun mit der messianischen Zeit, die kommen wird.

Wir sehen also von der Frage der Jünger, dass sie verstanden, dass das, was sie oben auf dem Berg gesehen hatten, eine prophetische Bedeutung hat. Jesus bestätigt es, als er sagt: *«Elia kommt zwar und wird alle Dinge wiederherstellen.»* Das wollen wir auch verstehen. Wir kennen auch die Schrift aus Maleachi 3, die letzten Verse aus dem Alten Testament:

Maleachi 3, 23–24
Siehe, ich sende euch den Propheten Elia, bevor der Tag des HERRN kommt, der große und furchtbare. Und er wird das Herz der Väter zu den Söhnen und das Herz der Söhne zu ihren Vätern umkehren lassen, damit ich nicht komme und das Land mit dem Bann schlage.

Es gibt verschiedene Ebenen, dieses Wort zu verstehen. Die Gesellschaft von heute hat ein Problem im Blick auf den Generationsunterschied. Oft bestehen viele Missverständnisse zwischen der älteren und der jüngeren Generation. Wir leben in einer Zeit, in der sich die Dinge so schnell verändern, dass die jüngere Generation manchmal keine Beziehung mehr zur älteren Generation hat. So braucht es eine Umkehr der Herzen der Väter zu den Söhnen und der Söhne zu den Vätern. Dieses Verständnis der zitierten Schriftstelle ist eine Art der Auslegung. Ich verstehe jedoch das oben zitierte Wort folgendermaßen: Ich sehe in den Vätern entsprechend der Heilsgeschichte das Volk Israel. Sie sind die Väter. Die Gemeinden aus den Nationen empfingen am

Anfang das Evangelium von den jüdischen Aposteln. Das sind unsere Väter – auch meine Väter – weil sie euch, den Nationen, das Wort Gottes und auch das Evangelium brachten. Die Söhne sind die Gläubigen aus den Nationen. Wir wissen, dass es eine große Versöhnung zwischen Vätern und Söhnen braucht.

Die Schrift schildert etwas sehr Wichtiges aus der Geschichte Israels zurzeit vom Propheten Elia und von ihm selbst. Es war eine sehr schlimme Zeit wegen König Ahab und seiner Frau Isebel. Als sie König Ahab heiratete, brachte sie den ganzen Baalskult nach Israel. Der Baalskult war ein Götzendienst, und in Israel wurde die Anbetung Gottes mit dem Baalskult gemischt. Irgendwie machten sie einen Salat daraus. Vielleicht wundert dies den einen oder anderen Leser, aber leider müssen wir einräumen, dass solche Dinge auch in der Kirchengeschichte geschehen sind.

Die Mehrheit des Volkes Israel war weit weg von Gott. Man kann viel über diese Zeit in Israel sagen, aber ich will es hier kurz machen. Elia empfing den Auftrag von Gott, das Volk zu Gott zurückzubringen, und diesen Auftrag wollte er auch ausführen. So machte er den Vorschlag, dass alle Propheten des Baals und der Aschera auf dem Berg Karmel versammelt werden. Er wollte auch hinaufkommen. Man sollte zwei Altäre bauen, einen für den Baalskult und er selbst würde einen Altar bauen für den Herrn. Weder die Baalspriester noch er selbst dürften Feuer an das Opfer legen, welches in beiden Fällen ein Stier war. Der Gott, der mit Feuer auf das Opfer antworte, sei der wahre Gott. So versammelten sie sich alle auf dem Karmel, die Vertreter von Baal sowie Elia. Auch das Volk kam und schaute zu. Es hatte sein Einverständnis gegeben, dass derjenige tatsächlich Gott sei, der mit Feuer vom Himmel antworte. Es kamen mehrere Hundert vom Kult des Baals und der Aschera. Diese bereiteten ihren Altar vor. Sie tanzten um ihren Altar und nichts geschah. Elia lästerte sie ein wenig. Sie ritzten sich mit Messern und Spießen, bis das Blut an ihnen herabfloss. Trotzdem geschah kein Eingreifen ihres Gottes Baal. Dann lesen wir, dass Elia seinen Altar baute.

1. Könige 18, 30–40

30 Da sagte Elia zum ganzen Volk: Tretet her zu mir! Und das ganze Volk trat zu ihm hin. Dann stellte er den niedergerissenen Altar des HERRN wieder her.

31 Und Elia nahm zwölf Steine nach der Zahl der Stämme der Söhne Jakobs, zu dem das Wort des HERRN geschehen war, als er gesagt hatte: Israel soll dein Name sein!

32 Und er baute von den Steinen einen Altar im Namen des HERRN; und er zog rings um den Altar einen Graben so breit wie für zwei Maß Saat.

33 Dann schichtete er das Holz auf und zerschnitt den Stier in Stücke und legte ihn auf das Holz.

34 Und er sagte: Füllt vier Eimer mit Wasser und gießt es auf das Brandopfer und auf das Holz! Und er sagte: Tut es zum zweiten Mal! Und sie taten es zum zweiten Mal. Und er sagte: Tut es zum dritten Mal! Und sie taten es zum dritten Mal.

35 Da lief das Wasser rings um den Altar; und auch den Graben füllte er mit Wasser.

36 Und es geschah zurzeit, da man das Speisopfer opfert, da trat der Prophet Elia herzu und sprach: HERR, Gott Abrahams, Isaaks und Israels! Heute soll man erkennen, dass du Gott in Israel bist und ich dein Knecht und dass ich nach deinem Wort das alles getan habe.

37 Antworte mir, HERR, antworte mir, damit dieses Volk erkennt, dass du, HERR, der wahre Gott bist und dass du selbst ihr Herz wieder zurückgewandt hast!

38 Da fiel Feuer vom HERRN herab und verzehrte das Brandopfer und das Holz und die Steine und die Erde; und das Wasser, das im Graben war, leckte es auf.

39 Als das ganze Volk das sah, da fielen sie auf ihr Angesicht und sagten: Der HERR, er ist Gott! Der HERR, er ist Gott!
40 Und Elia sagte zu ihnen: Packt die Propheten des Baal, keiner von ihnen soll entkommen! Und sie packten sie. Und Elia führte sie hinab an den Bach Kischon und schlachtete sie dort.

In den Versen 30–31 wird gesagt, dass Elia zwölf Steine nahm, um den niedergerissenen Altar des Herrn wieder aufzubauen. Die zwölf Steine sind immer sehr wichtig. Wir erinnern uns, als die Israeliten durch den Jordan gingen, nahmen sie im Auftrag Gottes zwölf Steine aus dem Flussbett heraus und bauten daraus am Ufer ein Denkmal auf, sodass man sich später auch erinnerte, dass das ganze Volk durch den Jordan gezogen war. Die Ganzheit des Volkes Gottes ist im Alten Testament etwas sehr Zentrales. Deshalb trug zum Beispiel der Hohepriester den Brustschild mit den zwölf Steinen, wobei in jedem Stein der Name eines Stammes von Israel eingraviert war. Man kann die zwölf Stämme auf keinen Fall vergleichen mit den christlichen Konfessionen. Warum? Weil die zwölf Stämme von Gott kamen. Sie waren im Plan Gottes. Die vielen Konfessionen der Christen, die es heute gibt, haben überhaupt nichts mit dem Plan Gottes zu tun. Sie sind durch Streit und Spaltungen entstanden. Manchmal wollen die Christen einen Vergleich anstellen, aber man kann die zwölf Stämme Israel und die christlichen Konfessionen nicht miteinander vergleichen.

Elia nahm also die zwölf Steine nach der Zahl der Stämme Jakobs. Wir müssen verstehen, dass zu jener Zeit das Reich geteilt war. Es gab das Reich von Juda und das Reich von Israel. Sie waren wie zwei Völker. Aber auf prophetische Weise baute Elia einen Altar auf, der die Ganzheit des Volkes Israel darstellte.

Um des Zusammenhangs willen wiederhole ich nochmals den Vers 31: *«Und Elia nahm zwölf Steine nach der Zahl der Stämme der Söhne Jakobs, zu dem das Wort des HERRN geschehen war, als er gesagt hatte: Israel soll dein Name sein!»* Der zweite Teil dieses Verses ist auch interessant: *«… zu dem das Wort des HERRN geschehen war, als er gesagt hatte: Israel soll dein Name sein!»* Diese Aussage bringt uns zurück zu 1. Mose 32, 23–33, wo Jakob diesen Kampf mit Gott erlebte und Gott zu ihm sagte: *«Du sollst nicht mehr Jakob heißen, sondern Israel…»* Damals erkannte Jakob, dass er das Angesicht Gottes sah. Das war auch etwas ganz Prophetisches, weil er den Ort dieses Kampfes mit Gott «Pniel» nannte, was «das Angesicht Gottes» bedeutet. Schon aus diesen wenigen Worten von Vers 31 erkennen wir etwas Prophetisches. Es hat zu tun mit der Wiederherstellung dieses Altars *und* dass Jakob in Israel verwandelt wird, was mit diesem Altar verbunden ist.

Im oben zitierten Vers 36 verbindet Elia sein Opfer mit dem Speisopfer im Tempel in Jerusalem. Der Karmel, wo Elia gerade das Opfer darbrachte, gehörte zum Königreich Israel. In diesem Königreich gab es allerdings ein anderes Priestertum und einen anderen Kalender, wodurch sich Israel vom Tempel in Jerusalem getrennt hatte. Etwas Ähnliches ist in der Kirchengeschichte geschehen, als die Kirche sich völlig von Israel trennen wollte und alles, was mit dem Judentum zu tun hatte, von der Kirche entfernte. Dazu gehörte auch, dass man Ostern, die Auferstehung Jesu, nie zum gleichen Zeitpunkt feiern sollte, an dem die Juden das Passah feiern.

Doch nun zurück zu Elia. Er brachte jedoch sein Opfer dar zurzeit, als man im Tempel in Jerusalem opferte, um zu sagen: «Der Ort, wo wir Gott anbeten, ist in Jerusalem!»

Im gleichen Vers betet Elia und spricht Gott an: *«HERR, Gott Abrahams, Isaaks und Israels! …»* Er sagt nicht: *«HERR, Gott Abrahams, Isaaks … und Jakobs»*, sondern *«… und Israels.»*

Die weiteren Vorgänge auf dem Berg Karmel, wie in den oben zitierten Versen geschrieben, erscheinen uns heute vielleicht brutal, aber es war der Wille Gottes. Elia stellte also den Altar wieder her.

Als Elia den Altar wiederherstellte, gebot er in den Versen 34 und 35, dass viel Wasser auf das Brandopfer und den Altar gegossen werde. Warum sagte er das? Ganz einfach – das Volk wusste, dass dieses Opfer auf natürliche Weise nie verbrennen würde, weil es überall ganz nass war. Aber das Feuer fiel vom Himmel, verbrannte das Opfer, selbst die Steine verbrannten. Alles, was dort war, wurde durch das Feuer entfernt, weil das Feuer vom Himmel so heiß war. Und das Volk erkannte: «Der Herr allein ist Gott!» Und so kam es wieder zu einer Trennung zwischen dem Baalskult und der wahren Anbetung des lebendigen Gottes. Das ist die Wiederherstellung.

Wir können uns vorstellen, wenn die Verklärung Jesu auf dem Berg ein prophetisches Bild ist von der Endzeit und dem Laubhüttenfest, dass etwas Ähnliches in unserer Zeit noch geschehen wird. Wie es geschehen wird, wissen wir nicht. Aber es wird im Prinzip etwas Ähnliches geschehen, weil wir heutzutage eine solche Mischung in so vielen Kirchen haben. Sie sind so weit weg von Gott, dass man nicht mehr sagen kann: «Das ist die Kirche Jesu Christi». Sie gebrauchen noch den Namen Jesu Christi und lesen noch aus der Schrift, aber sie sind tatsächlich weit weg von Gott.

Wenn dieser Altar wiederhergestellt wird oder – wie es im Hebräischen lautet – der Altar wieder geheilt wird, was bedeutet dies für uns heute, wenn wir über die Gemeinde Jesu nachdenken? Es bedeutet, dass die beiden Teile der Menschheit in Jesus zusammenkommen, nämlich die Juden, die an Jesus glauben, und die Nichtjuden, die an Jesus glauben. Dann wird der Altar wiederhergestellt oder geheilt und es wird nur noch einen Altar geben. Das hat auch mit dem Abendmahl zu tun, sodass es nur noch einen Tisch für alle Gläubigen geben wird. Das bedeutet, dass weder die Katholiken ihren eigenen Tisch noch die verschiedenen Konfessionen der Protestanten ihren Tisch haben werden. Es wird eben einen Tisch des Herrn und einen Altar geben. Und wenn wir über Erweckung oder die Auferstehung Israels reden, dann müssen wir verstehen, dass dieses Feuer, das vom Himmel auf den Altar von Elia fiel, ein Bild des Heiligen Geistes ist, der kommen wird. Ein Weg, wie der Heilige Geist kommt, ist durch Feuer, wie wir es auch an Pfingsten gesehen haben. Glauben wir, dass es noch eine große Erweckung geben wird? Solange diese Trennung besteht und wir nicht in der Lage sind, diesen einen Altar aufzubauen, wird diese letzte Erweckung nicht kommen! Das müssen wir verstehen. Solche Gläubige, die zwar ein Herz für die Erweckung, aber kein Herz für das ganze Thema Israel haben, machen einen großen Fehler.

Nun kehren wir zurück zum Matthäusevangelium. Die Bedeutung von Elia liegt in der Wiederherstellung, wie Jesus es sagt. Die Wiederherstellung ist der Hauptdienst von Elia. Jedoch gehört auch die Trennung zu seinem Dienst, nämlich die Trennung von Baal und dem Gott Israels. Er trennt also und bringt zusammen. Es muss eine Trennung geben, es muss offenbar werden, was nicht die Wahrheit ist, was nicht von unserem Gott kommt, was nichts mit Jesus zu tun hat. Auch das wird kommen, wenn dieser Altar gebaut wird. Das Geschehen auf dem Karmel ist verbunden mit dem zweiten Kommen Jesu in seiner Herrlichkeit. Es wird sicher kurz vor Jesu zweitem Kommen geschehen und uns in die Zeit seiner Wiederkunft hineinbringen. Es ist außerdem verbunden mit der Erfüllung des Laubhüttenfestes.

16. Gott am Ziel beim Laubhüttenfest:

- *Die Vollendung des Tempels aus lebendigen Steinen*
- *Die Einheit des Volkes Gottes*
- *Jeschua sitzt auf dem Thron*

Wir wenden uns jetzt dem Propheten Haggai zu und beschäftigen uns mit dem Tempel, der gebaut wird. Wir haben in einem früheren Seminar und Buch den Tempel betrachtet, von dem die Offenbarung 11 schreibt, dass man ihn bauen und anschließend messen soll. «Messen» bedeutet in der Schrift die Prüfung, ob der Bau nach dem göttlichen Maßstab vollzogen wurde. Wir erfahren auch im Propheten Hesekiel und in der Offenbarung, dass der Bau nicht gemessen wird, wenn er nicht nach dem göttlichen Maßstab ausgeführt wurde. Das Messen zeigt, dass der Bau richtig gemacht wurde. Beim Tempel in der Offenbarung 11 ist die Rede nicht von einem Tempel aus natürlichen Steinen, sondern aus lebendigen Steinen, der zuletzt gebaut wird nach dem göttlichen Maßstab. Das bedeutet, dass die Braut vollendet ist. Der Tempel und die Braut gehören zusammen, was heißt, dass beide Bilder das Gleiche darstellen.

Wir lesen im Propheten Haggai von diesem Tempel.

Haggai 2, 1–9
1 Im siebten Monat, am 21. des Monats, geschah das Wort des HERRN durch den Propheten Haggai folgendermaßen:
2 Sage doch zu Serubbabel, dem Sohn Schealtiëls, dem Statthalter von Juda, und zu Jeschua, dem Sohn Jozadaks, dem Hohenpriester, und zu dem Überrest des Volkes und sprich:
3 Wer ist unter euch noch übriggeblieben, der dieses Haus in seiner früheren Herrlichkeit gesehen hat? Und wie seht ihr es jetzt?

Ist es nicht wie nichts in euren Augen?
4 Und nun sei stark, Serubbabel!, spricht der HERR. Und sei stark, Jeschua, Sohn des Jozadak, du Hoherpriester, und seid stark, alles Volk des Landes, spricht der HERR, und arbeitet! Denn ich bin mit euch, spricht der HERR der Heerscharen.
5 Das Wort, das ich mit euch vereinbart habe, als ihr aus Ägypten zogt, und mein Geist bleiben in eurer Mitte bestehen: Fürchtet euch nicht!
6 Denn so spricht der HERR der Heerscharen: Noch einmal – wenig Zeit ist es noch – und ich werde den Himmel und die Erde und das Meer und das Trockene erschüttern.
7 Dann werde ich alle Nationen erschüttern, und die Kostbarkeiten aller Nationen werden kommen, und ich werde dieses Haus mit Herrlichkeit füllen, spricht der HERR der Heerscharen.
8 Mein ist das Silber und mein das Gold, spricht der HERR der Heerscharen.
9 Größer wird die Herrlichkeit dieses künftigen Hauses sein als die des früheren, spricht der HERR der Heerscharen, und an diesem Ort will ich Frieden geben, spricht der HERR der Heerscharen.

Welcher Tag ist der 21. des siebten Monats? Es ist der letzte Tag des Laubhüttenfestes. Haggai bekommt dieses prophetische Wort am letzten Tag des Laubhüttenfestes. Das ist natürlich auch kein Zufall.

In den Versen 2 und 4 werden Serubbabel, der Sohn Schealtiëls, und Jeschua, der Sohn Jozadaks, angesprochen. Wie wir in der Geschlechtslinie von Matthäus sehen, kommt Serubbabel, der Sohn Schealtiels aus dem Davidischen Geschlecht. Jeschua, der Sohn des Hohenpriesters, kommt aus dem Stamm Levi. Somit haben wir hier eine königliche und eine priesterliche Figur. Diese zwei Männer hatten sehr viel zu tun mit dem Wiederaufbau des zweiten Tempels zu jener Zeit.

In Vers 6 sagt der Prophet: «Noch einmal – wenig Zeit ist es noch …» Diese Zeitangabe ist prophetisch und nicht natürlich zu verstehen. Die weitere Aussage dieses Verses: *«und ich werde den Himmel und die Erde und das Meer und das Trockene erschüttern»* wird in Hebräer 12, 26 zitiert. Damit sehen wir, dass der Prophet nicht nur über die Zeit spricht, in der er lebte, er prophezeite über die Endzeit, in der es eine globale Erschütterung geben wird. Eine solche globale Erschütterung gab es vorher nur einmal, und zwar zurzeit von Noah. Gott sagt, dass so etwas noch einmal geschehen wird. Es wird jedoch anders sein als die Sintflut. Gott gab sein Wort, dass es keine Sintflut mehr geben wird, aber er sagt: *«und ich werde den Himmel und die Erde und das Meer und das Trockene erschüttern. Dann werde ich alle Nationen erschüttern, und die Kostbarkeiten aller Nationen werden kommen, und ich werde dieses Haus mit Herrlichkeit füllen, spricht der HERR der Heerscharen.»*

Die prophezeiten Erschütterungen sind die Gerichte, die im Buch der Offenbarung angekündigt werden.

Es geht um jenes Haus, das in der Endzeit gebaut wird. Es ist dasselbe Haus, von dem wir in der Offenbarung 11 lesen, und dasselbe Haus, von dem wir in Sacharja 6 lesen. Im zitierten Vers 9 spricht der Prophet davon, «dass die Herrlichkeit des künftigen Hauses größer sein wird als diejenige des früheren.» Dieses Wort trifft zu, wenn wir es im neutestamentlichen Sinn verstehen. Das frühere Haus war die Urgemeinde in Jerusalem. Die Herrlichkeit des letzten Hauses wird viel größer sein als diejenige des früheren Hauses, das jedoch auch eine Herrlichkeit hatte. Das letzte Haus stellt die Vollendung dar und besteht aus Israeliten und Nationen. Das erste Haus war herrlich, bestand aber nur aus den Juden, die an Jesus glaubten. Am Ende der Zeit gehören beide – Juden und Heiden – zu diesem Tempel.

Im zitierten Vers 9 heißt es dann: *«und an diesem Ort will ich Frieden geben, spricht der HERR der Heerscharen.»* Dann kommt der wahre Frieden in das Haus Gottes, wenn wir wirklich eins werden in ihm durch seinen Heiligen Geist. Diesen wahren Frieden haben wir bis jetzt noch nicht erlebt, aber er kommt.

Dieses prophetische Wort ist sehr wichtig und es ist mit dem Laubhüttenfest verbunden, was wir schon gesehen haben.

Jetzt wenden wir uns noch Sacharja zu, weil die zwei Propheten – Sacharja und Haggai – eng miteinander verbunden sind. Sie lebten zur gleichen Zeit und prophezeiten über dasselbe – Sacharja ausführlicher und seine Prophetie reicht auch bis in die Endzeit hinein.

Sacharja 2, 14–17

14 Juble und freue dich, Tochter Zion! Denn siehe, ich komme und werde in deiner Mitte wohnen, spricht der HERR.

15 Und an jenem Tag werden viele Nationen sich dem HERRN anschließen. So werden sie mein Volk sein. Und ich werde in deiner Mitte wohnen, und du wirst erkennen, dass der HERR der Heerscharen mich zu dir gesandt hat.

16 Und der HERR wird Juda als sein Erbteil besitzen im heiligen Land und wird Jerusalem aufs Neue erwählen.

17 Alles Fleisch schweige vor dem HERRN! Denn er hat sich aufgemacht aus seiner heiligen Wohnung.

Im Vers 15 heißt es, dass sich an *jenem Tag viele Nationen dem HERRN anschließen.* Das ist die biblische Ordnung. Die Nationen schließen sich an das gläubige Israel an. Es ist so wichtig, dass wir das verstehen. Die Gläubigen aus den Nationen haben sich bei verschiedenen kirchlichen Veranstaltungen bemüht, die Zersplitterung zu überwinden und Einheit zu erreichen, aber es ist ihnen nicht gelungen. Warum? Sie haben nicht berücksichtigt, dass Jesus gemäß Epheser 2 die Einheit der Gläubigen – nämlich die Einheit von Juden und Heiden – durch sein Opfer geschaffen hat. Wie in einem früheren Kapitel ausgeführt, wurde jedoch in der Kirchengeschichte die Trennung wieder eingeführt. Die Gläubigen suchten in den letzten Jahren eine Einheit, ohne zu erkennen, dass die messianischen Juden und die neuen messianischen Gemeinden Erstlinge sind aus Israel. Sie sind nicht nur edle Zweige vom edlen Ölbaum, die in ihren eigenen Baum eingepfropft sind. Sie sind vielmehr auch die Anfänge der Wiederherstellung des edlen Ölbaums, der wieder zu sehen ist, der aber in der Theologie und in der Geschichte in den letzten fast 2000 Jahren verschwunden war. Jedoch in diesem edlen Ölbaum sind sie alle – ob katholisch, protestantisch oder freikirchlich zusammen mit allen anderen Denominationen – eingepfropft. Deshalb können – biblisch gesehen und in der Tat – alle Versuche, die Einheit herzustellen, nur bis zu einem gewissen Punkt kommen, aber nicht weiter. Solange der erste Riss nicht geheilt wird, bleibt der Virus der Trennung in der Gemeinde wirksam. Im Tempel aus lebendigen Steinen am Ende der Zeit werden wir jedoch die Einheit der Gläubigen haben.

In Vers 15 spricht Gott jemand an: *«… und du wirst erkennen, dass der HERR der Heerscharen mich zu dir gesandt hat.»* Wer redet hier? Der Messias spricht hier, und wen spricht er mit diesem «du» an? Es ist das Volk Israel.

Zu dieser Zeit, wenn es jene Einheit gibt und die Nationen sich Israel anschließen, *«wirst du erkennen, dass der Herr der Heerscharen mich zu dir gesandt hat.»* Dieses Wort wiederholt sich mehrmals im Propheten Sacharja.

Im Vers 16 sagt Gott, dass er Jerusalem aufs Neue erwählen wird. Jerusalem lag lange auf der Schattenseite. Wenn aber das Haus aus lebendigen Steinen in Jerusalem aufgebaut wird und erfüllt sein wird mit der Herrlichkeit Gottes, ist es das Zeichen, dass Gott Jerusalem aufs Neue erwählt hat. Es wird noch viel Feindschaft von innen und von außen in Jerusalem geben, wie wir es in der Offenbarung lesen. Es ist eine Zeit des Übergangs. Die Nationen toben, die gefallene Kirche steht draußen im äußeren Vorhof (Offenbarung 11). Aber Gott hat Jerusalem aufs Neue erwählt, weil sein Haus dann nach dem göttlichen Maßstab gebaut und vollendet sein wird in dieser Stadt Jerusalem.

In Vers 17 schreibt der Prophet: *«Alles Fleisch schweige vor dem HERRN!»* Das heißt: Jede Stimme schweige – das Fernsehen, das Radio, sie sollen schweigen. *«Denn er hat sich aufgemacht aus seiner heiligen Wohnung.»* Das ist ein wichtiges Wort. Der König sitzt auf dem Thron in seinem Haus!

Dann begegnen wir in Kapitel 3 Joschua, der mit schmutzigen Kleidern bekleidet ist. Er ist ein Symbol für Jerusalem und ein Symbol für das wahre Priestertum, weil er Hoherpriester war.

Sacharja 3, 1–5

1 Und er ließ mich den Hohenpriester Joschua sehen, der vor dem Engel des HERRN stand; und der Satan stand zu seiner Rechten, um ihn anzuklagen.
2 Und der HERR sprach zum Satan: Der HERR wird dich bedrohen, Satan! Ja, der HERR, der Jerusalem erwählt hat, bedroht dich! Ist dieser nicht ein Holzscheit, das aus dem Feuer herausgerissen ist?
3 Und Joschua war mit schmutzigen Kleidern bekleidet und stand vor dem Engel.
4 Und der Engel antwortete und sprach zu denen, die vor ihm standen: Nehmt ihm die schmutzigen Kleider ab! Und zu ihm sprach er: Siehe, ich habe deine Schuld von dir weggenommen und bekleide dich mit Feierkleidern.
5 Und ich sprach: Man setze einen reinen Kopfbund auf sein Haupt! Und sie setzten den reinen Kopfbund auf sein Haupt und zogen ihm reine Kleider an; und der Engel des HERRN stand dabei.

In den Versen 1–3 tritt Satan auf, um Joschua anzuklagen. Aber der Herr spricht zu Satan: *«Der HERR wird dich bedrohen, Satan! Ja, der HERR, der Jerusalem erwählt hat, bedroht dich!»* Das heißt, Satan möchte nicht, dass Jerusalem wieder erwählt wird. Er bringt gegen Joschua vor: «Er ist mit schmutzigen Kleidern bekleidet, wie kannst du Jerusalem wieder erwählen?»

Joschua wird sozusagen erlöst, weil er reine Kleider bekommt und somit bekleidet ist mit der Gerechtigkeit Gottes. Gott erwählt Jerusalem aufs Neue und sie wird eine priesterliche Stadt sein. Nachdem er sie aufs Neue erwählt hat, wird in Jerusalem der eine Tempel aus lebendigen Steinen vollendet. Es ist die bräutliche Gemeinde, die wirklich priesterlich ist und in der Einheit lebt. Das ist diese wunderbare Wiederherstellung, die noch geschehen wird. Und wenn wir wieder an Haggai und Sacharja Kapitel 14 denken, ist diese ganze Wiederherstellung mit dem Laubhüttenfest verbunden.

Jetzt betrachten wir das Haus des Herrn in Sacharja 6, wo wir ein ganz wichtiges Kapitel über das neutestamentliche Haus Gottes haben, das in Jerusalem gebaut wird.

Sacharja 6, 9–15
9 Und das Wort des HERRN geschah zu mir:
10 Nimm Gaben von den Weggeführten, von Heldai und von Tobija und von Jedaja! Und geh du an diesem Tag, geh in das Haus Josias, des Sohnes Zefanjas, wohin sie aus Babel gekommen sind!
11 Und nimm Silber und Gold und mach eine Krone! Und setze sie auf das Haupt des Hohenpriesters Joschua, des Sohnes Jozadaks!
12 Und sage ihm: So spricht der HERR der Heerscharen: Siehe, ein Mann, Spross ist sein Name! Und es wird unter ihm sprossen, und er wird den Tempel des HERRN bauen.
13 Ja, er wird den Tempel des HERRN bauen, und er wird Hoheit tragen und wird auf seinem Thron sitzen und herrschen. Auch wird

ein Priester auf seinem Thron sein; und der Rat des Friedens wird zwischen ihnen beiden sein.
14 Und die Krone soll dem Heldai, dem Tobija und Jedaja und der Gnade des Sohnes Zefanjas im Tempel des HERRN zum Gedächtnis sein.
15 Und Ferne werden kommen und am Tempel des HERRN bauen. Und ihr werdet erkennen, dass der HERR der Heerscharen mich zu euch gesandt hat. Und das wird geschehen, wenn ihr aufmerksam auf die Stimme des HERRN, eures Gottes, hören werdet.

In Vers 11 wird Joschua, von dem wir vorher schon gesprochen haben, zu einem prophetischen Symbol des Messias.

Zu Vers 12: «Spross» ist ein Name des Messias im Alten Testament.

In den Versen 12–13 heißt es zweimal, dass der Messias den Tempel bauen wird nach dem göttlichen Maßstab. So kommt Gott zu seinem Ziel.

Er, der Messias, ist Priester und König. Er sitzt auf dem Thron. Das ist das neue Priestertum nach Melchisedek. Melchisedek war König in Salem und Priester Gottes des Höchsten [6]. Der Messias sitzt auf seinem Thron in diesem Tempel. Das ist etwas Gewaltiges, weil es in der Geschichte noch nicht geschehen ist. Er sitzt noch nicht auf seinem Thron in seiner Gemeinde, weil sie noch nicht vollkommen ist. Sie lebt noch im Ungehorsam, auch wenn sie denkt, sie lebe im Gehorsam. Aber wir sind noch weit weg davon. Das müssen wir verstehen. Aber dann wird er auf seinem Thron sitzen.

Zu Vers 14: Die Krone, die sie machen, soll zum Gedächtnis sein für das prophetische Bild.

Zu Vers 15: Die Fernen, die kommen, um am Tempel des Herrn mitzubauen, sind die Gläubigen aus den Nationen.

---

[6] 1. Mose 14, 18

«Und ihr werdet erkennen, dass der HERR der Heerscharen mich zu euch gesandt hat». Das ist eine der Wiederholungen jenes Wortes, von dem ich schon sagte, dass es mehrmals im Buch Sacharja steht und an Israel gerichtet ist.

Dann komme ich zum letzten Punkt, den ich in Sacharja ansprechen möchte, der auch mit dem Laubhüttenfest verbunden ist. Das ist das Wiederkommen von Jeschua.

Sacharja 14, 3–4; 6–9
3 Dann wird der HERR ausziehen und gegen jene Nationen kämpfen, wie er schon immer gekämpft hat am Tag der Schlacht.
4 Und seine Füße werden an jenem Tag auf dem Ölberg stehen, der vor Jerusalem im Osten liegt; und der Ölberg wird sich von seiner Mitte aus nach Osten und nach Westen spalten zu einem sehr großen Tal, und die eine Hälfte des Berges wird nach Norden und seine andere Hälfte nach Süden weichen.

6 Und es wird geschehen an jenem Tag, da wird kein Licht sein, die prächtigen Gestirne ziehen sich zusammen.
7 Dann wird es einen Tag lang – er ist dem HERRN bekannt – weder Tag noch Nacht werden; und es wird geschehen, zur Zeit des Abends, da wird Licht werden.
8 Und es wird geschehen an jenem Tag, da werden lebendige Wasser aus Jerusalem fließen, die eine Hälfte zum östlichen Meer und die andere Hälfte zum hinteren Meer; im Sommer wie im Winter wird es so geschehen.
9 Und der HERR wird König sein über die ganze Erde; an jenem Tag wird der HERR einzig sein und sein Name einzig.

Das ist eine gewaltige Prophezeiung über das Wiederkommen von Jeschua. Er wird seine Füße auf den Ölberg setzen. Der Ölberg wird sich spalten. Es wird lebendiges Wasser aus Jerusalem fließen, und es wird ein Tag sein, wie es ihn noch nie gegeben hat. Es wird ein ganz gewaltiger Tag sein. Ich stelle mir vor, dass dieser Tag noch viel größer sein wird als damals, als Gott angefangen hat, diese Welt zu erschaffen. Es wird etwas unaussprechlich Großes sein. Dann lesen wir in Verbindung mit diesem ganzen Geschehen in

Sacharja 14, 16–18
Und es wird geschehen: Alle Übriggebliebenen von allen Nationen, die gegen Jerusalem gekommen sind, die werden Jahr für Jahr hinaufziehen, um den König, den HERRN der Heerscharen, anzubeten und das Laubhüttenfest zu feiern.
17 Und es wird geschehen, wenn eines von den Geschlechtern der Erde nicht nach Jerusalem hinaufziehen wird, um den König, den HERRN der Heerscharen, anzubeten: über diese wird kein Regen kommen.
18 Und wenn das Geschlecht Ägyptens nicht hinaufzieht und nicht kommt, dann wird der Regen auch über dieses nicht kommen. Das wird die Plage sein, mit der der HERR die Nationen plagen wird, die nicht hinaufziehen werden, das Laubhüttenfest zu feiern.

Warum feiern sie das Laubhüttenfest? Warum müssen alle Nationen hinaufziehen nach Jerusalem, um das Laubhüttenfest zu feiern? Wenn wir an die Verklärung Jesu auf dem Berg denken, erinnern wir uns, dass seine Wiederkunft mit der Erfüllung des Laubhüttenfestes verbunden ist. Das wird ganz deutlich aus Matthäus 17. Wenn eines der Geschlechter der Erde nicht nach Jerusalem hinaufziehen wird, um den König, den Herrn der Heerscharen anzubeten, wird über dieses kein Regen kommen. Wir sehen, es geht um den König. Und wenn das Geschlecht Ägyptens nicht hinaufzieht und nicht kommt, dann wird der Regen auch über dieses nicht kommen. Es ist einfach eine

Warnung an die Nationen. Es ist eine Feier im Tausendjährigen Reich. Das heißt, diese Feier geschieht am Ende unseres Zeitalters, wenn der Herr zurückkommt und wenn dieser geistliche Tempel wieder aufgebaut wird, was im Laubhüttenfest erfüllt wird.

Dann wird das Laubhüttenfest gefeiert im Tausendjährigen Reich, und alle Nationen sollen nach Jerusalem hinaufziehen in Erinnerung: Damals ist Jesus wiedergekommen. Es ist etwas ganz Gewaltiges und hat auch mit den lebendigen Wassern zu tun. Wir erinnern uns an Johannes 7, 38, als Jesus am letzten Tag des Laubhüttenfestes in Jerusalem aufsteht und verkündigt: *«Wer an mich glaubt, wie die Schrift sagt, aus dessen Leib werden Ströme lebendigen Wassers fließen.»* Das Laubhüttenfest hat also etwas mit der Ausgießung des Heiligen Geistes zu tun, aber in Gestalt von lebendigem Wasser. Wir haben verschiedene Formen, in denen der Heilige Geist ausgegossen wurde. In der Apostelgeschichte wird berichtet von einem mächtigen Wind, durch den der Heilige Geist kam. Wir haben Zungen von Feuer, wir haben Öl. Öl hat zu tun mit Salbung, zum Beispiel eines Königs oder Priesters. Öl hat zu tun mit Ämtern, die der Heilige Geist uns gibt. Die Ämter sind vom Heiligen Geist gegeben. Es ist nicht genug, dass man auf eine Bibelschule geht. Wir haben Wein, der mit Freude zu tun hat. Das hat man auch in der Apostelgeschichte gesehen. Die Menschen dachten, dass die ersten Gläubigen, die mit Heiligem Geist erfüllt waren, betrunken seien, weil sie so voller Freude waren. Und dann haben wir Wasser. Wasser hat mit Durst zu tun, mit Leben, mit Fruchtbarkeit und mit Heilung. Das wird sicher die Art und Weise sein, wie der Heilige Geist dann über uns ausgegossen wird. Es wird das lebendige Wasser sein, von dem Jesus spricht und von dem wir ganz am Ende der Offenbarung lesen und womit ich auch das Kapitel abschließen möchte:

Offenbarung 22, 16–21

Ich, Jesus, habe meinen Engel gesandt, euch diese Dinge für die Gemeinden zu bezeugen. Ich bin die Wurzel und das Geschlecht Davids, der glänzende Morgenstern. Und der Geist und die Braut sagen: Komm! Und wer es hört, spreche: Komm! Und wen dürstet, der komme! Wer da will, nehme das Wasser des Lebens umsonst! Ich bezeuge jedem, der die Worte der Weissagung dieses Buches hört: Wenn jemand etwas zu diesen Dingen hinzufügt, so wird Gott ihm die Plagen hinzufügen, die in diesem Buch geschrieben sind; und wenn jemand von den Worten des Buches dieser Weissagung etwas wegnimmt, so wird Gott seinen Teil wegnehmen von dem Baum des Lebens und aus der Heiligen Stadt, von denen in diesem Buch geschrieben ist. Der diese Dinge bezeugt, spricht: Ja, ich komme bald. Amen, komm, Herr Jeschua! Die Gnade des Herrn Jeschua sei mit allen!

17. Die Wolke von Zeugen ermutigen uns auf dem Weg bis zum Hochzeitsmahl

Ich fange an mit verschiedenen Lesungen aus der Schrift:

Hebräer 1, 1–3
Nachdem Gott vielfältig und auf vielerlei Weise ehemals zu den Vätern geredet hat in den Propheten, hat er am Ende dieser Tage zu uns geredet im Sohn, den er zum Erben aller Dinge eingesetzt hat, durch den er auch die Welten gemacht hat; er, der Ausstrahlung seiner Herrlichkeit und Abdruck seines Wesens ist und alle Dinge durch das Wort seiner Macht trägt, hat sich, nachdem er die Reinigung von den Sünden bewirkt hat, zur Rechten der Majestät in der Höhe gesetzt;

Hebräer 12, 1–2
Deshalb lasst nun auch uns, da wir eine so große Wolke von Zeugen um uns haben, jede Bürde und die uns so leicht umstrickende Sünde ablegen und mit Ausdauer laufen den vor uns liegenden Wettlauf, indem wir hinschauen auf Jesus, den Anfänger und Vollender des Glaubens, der um der vor ihm liegenden Freude willen die Schande nicht achtete und das Kreuz erduldete und sich gesetzt hat zur Rechten des Thrones Gottes.

1. Korinther 15, 41–53
…ein anderer der Glanz der Sonne und ein anderer der Glanz des Mondes und ein anderer der Glanz der Sterne; denn es unterscheidet sich Stern von Stern an Glanz. So ist auch die Auferstehung der Toten. Es wird gesät in Vergänglichkeit, es wird auferweckt in

Unvergänglichkeit. Es wird gesät in Unehre, es wird auferweckt in Herrlichkeit; es wird gesät in Schwachheit, es wird auferweckt in Kraft; es wird gesät ein natürlicher Leib, es wird auferweckt ein geistlicher Leib. Wenn es einen natürlichen Leib gibt, so gibt es auch einen geistlichen. So steht auch geschrieben: «Der erste Mensch, Adam, wurde zu einer lebendigen Seele», der letzte Adam zu einem lebendig machenden Geist. Aber das Geistliche ist nicht zuerst, sondern das Natürliche, danach das Geistliche. Der erste Mensch ist von der Erde, irdisch; der zweite Mensch vom Himmel. Wie der Irdische, so sind auch die Irdischen; und wie der Himmlische, so sind auch die Himmlischen. Und wie wir das Bild des Irdischen getragen haben, so werden wir auch das Bild des Himmlischen tragen. Dies aber sage ich, Brüder, dass Fleisch und Blut das Reich Gottes nicht erben können, auch die Vergänglichkeit nicht die Unvergänglichkeit erbt. Siehe, ich sage euch ein Geheimnis: Wir werden nicht alle entschlafen, wir werden aber alle verwandelt werden, in einem Nu, in einem Augenblick, bei der letzten Posaune; denn posaunen wird es, und die Toten werden auferweckt werden, unvergänglich sein, und wir werden verwandelt werden. Denn dieses Vergängliche muss Unvergänglichkeit anziehen und dieses Sterbliche Unsterblichkeit anziehen.

Offenbarung 20, 4–6

Und ich sah Throne, und sie setzten sich darauf, und das Gericht wurde ihnen übergeben; und ich sah die Seelen derer, die um des Zeugnisses Jesu und um des Wortes Gottes willen enthauptet worden waren, und die, welche das Tier und sein Bild nicht angebetet und das Malzeichen nicht an ihre Stirn und an ihre Hand angenommen hatten, und sie wurden lebendig und herrschten mit dem Christus tausend Jahre. Die übrigen der Toten wurden nicht lebendig, bis die tausend Jahre vollendet waren. Dies ist die erste Auferstehung. Glückselig und heilig, wer teilhat an der ersten

Auferstehung! Über diese hat der zweite Tod keine Macht, sondern sie werden Priester Gottes und des Christus sein und mit ihm herrschen die tausend Jahre.

Wir wissen nicht genau, wer den Hebräerbrief schrieb. Manche denken, es war Paulus. Ich bin nicht überzeugt, dass es Paulus war. Es könnte Petrus gewesen sein, weil er der Apostel der Beschneidung war. Wir wissen es nicht. Eines aber wissen wir, wenn wir den Hebräerbrief lesen, dass diese Gemeinde sehr verfolgt war. Vielleicht gab es dann auch manche Gemeindeglieder, die sich zurückzogen, weil sie nicht durch das ganze Leiden gehen wollten. Das spüren wir, wenn wir diesen Brief lesen. Zum Beispiel, wenn der Schreiber dieses Briefs über den Glauben schreibt, schreibt er zuerst über solche, die geglaubt und gesehen haben, was sie geglaubt haben. Aber er schreibt auch über solche, die geglaubt und nicht gesehen haben, was sie geglaubt haben, und durch Leiden gegangen sind, aber am Glauben festgehalten haben bis zum Ende. So spüren wir, dass er an solche Gläubige schreibt, die etwas Ähnliches erlebten, um ihnen Mut zu machen, weiterzugehen bis ans Ende. Ich denke, das ist sehr wichtig für uns.

Es fängt an, wo der Schreiber des Hebräerbriefs in den ersten Versen in knappen Worten sagt, wer dieser Jesus ist. Und er sagt uns, dass durch ihn die ganzen Welten gemacht worden sind und er die Ausstrahlung Gottes ist und der Abdruck des Wesens Gottes. Alles, was geschaffen ist, ist durch das Wort geschaffen worden und er trägt es in seiner Macht. Das heißt, dass Gott sein Wort zwar bloß einmal gesprochen hat. Das Wort hat aber weiterhin Kraft, nachdem Gott es ausgesprochen hat, sodass seine Kraftwirkung weitergeht. Gott hat sein schöpferisches Wort gesprochen, und die Welt ist in Existenz gekommen. Sie besteht jedoch immer noch durch dasselbe Wort, das Gott am Anfang gesprochen hat.

Dann sagt er uns, dass Jesus zur Rechten Gottes sitzt in der Höhe, nachdem er die Reinigung von den Sünden bewirkt hat. Das heißt, dass er uns die vollkommene Erlösung gebracht hat. Es ist so wichtig, dass wir uns immer erinnern – und nicht nur erinnern – sondern es auch für die Gegenwart bewahren, wer dieser Jesus ist. Er ist der Allmächtige, und er ist der, der alles geschaffen hat. Alles, was in Existenz ist, ist durch ihn geschaffen. Es ist etwas ganz Gewaltiges und wir müssen dies in unserem Herz festhalten. Diese Erkenntnis muss auch in unserem Herzen wachsen, weil der Widerstand, wie gesagt, immer mehr zunehmen wird. Es ist so wichtig, dass wir wissen, an wen wir glauben, und dass wir den ganzen Weg mit ihm gehen. Wir haben von seiner Königsherrschaft gehört und gelesen, dass er der König ist und von seinem Reich erfahren, das kommen wird. Das sind Dinge, die wir in unseren Herzen behüten müssen, weil wir in einer Welt leben, die ganz gegen diese Wahrheit steht. Nur die Gläubigen haben es in ihren Herzen. Aber der Feind probiert immer, uns zu berauben. Er probiert immer, etwas wegzunehmen, sodass unsere Gewissheit etwas weniger und schwächer wird, ja dass sie in unseren Herzen abflacht.

Wir wissen aus dem Wort Gottes, dass Jesus im Buch der Offenbarung zur Gemeinde in Ephesus redete. Es war eine gute Gemeinde, sie war ganz da für den Herrn und duldete keine falschen Apostel. Er musste ihnen aber sagen, dass sie die erste Liebe verlassen hatten. Es ist sehr leicht, die erste Liebe zu verlassen, auch wenn wir im Reich Gottes tätig sind, weil wir so beschäftigt sind. Wir leben in einer Zeit – und ich kenne es aus meinem eigenen Leben – wo es so viele Möglichkeiten gibt. Ich lebe in Jerusalem, wo ständig verschiedene Tagungen stattfinden und wir so oft eingeladen werden zu dieser und jener Konferenz. Das sind gute Tagungen, keine weltlichen Veranstaltungen. Wäre ich aber ständig mit diesen Terminen beschäftigt, dann würde ich langsam meine erste Liebe verlassen. Wir müssen sie unbedingt pflegen. Es ist so wichtig, dass ER den ersten Platz in unserem Leben bekommt.

Der Hebräerbrief, Kapitel 12, spricht über eine ganze Wolke von Zeugen – wann? Nachdem er durch die ganze Liste der Glaubenshelden gegangen ist, wie zum Beispiel Abraham, Henoch oder Noah. Diese Glaubenshelden haben auch gesehen, was sie geglaubt haben. Anschließend redet der Hebräerbrief über solche, die geglaubt und nicht gesehen haben, was sie geglaubt haben. Der Hebräerbrief sagt, dass die Glaubenshelden ohne uns nicht vollendet werden. Was bedeutet das? Diese Wolke von Zeugen sind die Gläubigen, die Treuen von allen Generationen, und wir gehören dazu.

Die Vollendung hat zu tun mit der Auferstehung von den Toten. Das ist die Vollendung unserer Erlösung, weil Jesus auch unseren Leib erlöst hat. Wir sind erlöst und glauben, dass wir das ewige Leben haben, aber zur Erlösung gehört, dass wir von den Toten auferstehen und einen neuen Leib bekommen werden. Das ist diese Vollendung, und jene Zeugen warten auf uns, weil sie nicht auferstehen werden von den Toten, bis die Vollendung geschieht in der letzten Generation. Sie schauen auf uns und sie sind für uns. Ich weiß nicht, was im Himmel geschieht, ob sie beten oder wie es dort ist. Aber eines weiß ich, dass sie auf uns schauen und auf uns warten, dass wir zum Ziel kommen. Das ist so wichtig und das sollen wir ganz gewiss verstehen in dieser letzten Zeit, in der wir leben. Wir wissen nicht, wie lange es dauern wird, bis der Herr wiederkommt, aber es ist letzte Zeit und die Herausforderungen werden immer größer werden. Der Widerstand wird größer werden. Der Humanismus wird uns immer stärker widerstehen. Das werden wir erleben, und deshalb ist es so wichtig, dass wir wirklich verstehen, um was es geht.

Jesus ist der Anfänger und Vollender unseres Glaubens. Er hat das ganze große Leiden erduldet, weil er eine Freude in seinem Herzen hatte, und es ist wichtig, dies zu wissen. Er dachte: «Die ganze Schmach macht mir nichts aus», weil er gesehen hat, was vor ihm liegt. Was hat er gesehen, was war die Freude in seinem Herzen? Ja, unsere Erlösung, aber noch mehr als das. Die Freude in seinem Herzen war, dass er im Geist gesehen und gewusst hat: «Gott bereitet eine Braut für mich vor.» Sie kommt und wird vollendet. Das war seine Freude und der Tag, wenn er diese Braut heiraten wird, das ist seine ganz große Freude. Das hat ihm auch Kraft gegeben, diese Schmach beiseitezulegen und bereit zu sein, diesen ganzen Weg der tiefsten Demütigung und unaussprechlich furchtbaren Leidens zu gehen. Aber er hat gewusst, warum er dies tut. Ganz sicher hat er es im Gehorsam gegenüber dem Vater getan, das ist ganz klar, und sicher hat er es aus Liebe zum Vater getan. Aber er hat es auch aus Liebe zu uns getan, sodass wir vollendet werden und zum Ziel kommen, so wie er zum Ziel gekommen ist.

18. Der Bundesschluss des Neuen Bundes

Ein Text vom Abendmahl:

Matthäus 26, 26–29
Während sie aber aßen, nahm Jesus Brot und segnete, brach und gab es den Jüngern und sprach: Nehmt, esst, dies ist mein Leib! Und er nahm einen Kelch und dankte und gab ihnen den und sprach: Trinkt alle daraus! Denn dies ist mein Blut des Bundes, das für viele vergossen wird zur Vergebung der Sünden. Ich sage euch aber, dass ich von nun an nicht mehr von diesem Gewächs des Weinstocks trinken werde bis zu jenem Tag, da ich es neu mit euch trinken werde in dem Reich meines Vaters.

Hier sehen wir, dass Jesus den Bund mit seinen Jüngern macht. Es ist auch wichtig, dass wir das verstehen, weil man den Zusammenhang zu Jeremia begreifen muss, der in Kapitel 31 vom Neuen Bund gesprochen hat, wo Gott sagt:

Jeremia 31, 31–33
Siehe, Tage kommen, spricht der HERR, da schließe ich mit dem Haus Israel und mit dem Haus Juda einen neuen Bund: nicht wie der Bund, den ich mit ihren Vätern geschlossen habe an dem Tag, als ich sie bei der Hand fasste, um sie aus dem Land Ägypten herauszuführen, – diesen meinen Bund haben sie gebrochen, obwohl ich doch ihr Herr war, spricht der HERR. Sondern das ist der Bund, den ich mit dem Haus Israel nach jenen Tagen schließen werde, spricht der HERR: Ich werde mein Gesetz (Ergänzung des Verfassers: meine Thora) in ihr Inneres legen und werde es auf ihr Herz schreiben. Und ich werde ihr Gott sein, und sie werden mein Volk sein.

Wenn wir über das Abendmahl nachdenken oder es feiern, ist es wichtig, sich nicht nur zu erinnern, dass er es am Passah-Abend mit seinen Jüngern gehalten hat, sondern auch, dass er hier etwas erfüllt hat. Diese Erfüllung hat etwas mit dem Neuen Bund zu tun, den Gott an erster Stelle mit dem ganzen Volk Israel machte. Die zwölf Jünger waren irgendwie Stellvertreter für die zwölf Stämme *und* für das messianische Israel. Also machte Jesus diesen Bund mit ihnen. Es ist so wichtig zu verstehen, dass der Herr diesen Bund an erster Stelle mit dem Volk Israel als Nation machte. Auch wenn Israel noch nicht an Jeschua als seinen Messias glaubt und Israel diesen Bund überhaupt noch nicht erkennt, so machte Gott diesen Bund dennoch an erster Stelle mit Israel. Wir müssen die Aussage Jesu beim Abendmahl bedenken, dass er von diesem Gewächs des Weinstocks *nicht trinken* wird, bis er es *an jenem Tag* neu trinken wird mit ihnen, *seinen Jüngern,* im Reich seines Vaters. Damit sagt Jesus, dass der jüdische Teil dazukommen muss, sodass dieses Wort erfüllt wird.

Wann ist *«jener Tag»*? Es ist der Tag des Hochzeitsmahls des Lammes. An jenem Tag wird er dieses Mahl wieder mit uns feiern, und dann werden wir aus diesem Kelch trinken. Das ist etwas ganz Gewaltiges, und das ist auch das Ziel, das wir haben und haben sollen auf unserem Weg bis zum Ende, bis wir schließlich mit ihm feiern und das große Halleluja im Himmel miterleben. Wir können es schon erahnen, welche große und tiefe Freude im Himmel sein wird beim Hochzeitsmahl des Lammes, wenn wir uns bewusst machen, wie lange und wie schwierig der Weg war, und Gott nun zum Ziel gekommen ist. Und darauf warten sie im Himmel.

Wenn wir über das kommende Reich Gottes nachdenken, ist es wichtig, dass wir die Sicht von der ersten Auferstehung haben und das Verlangen vor Gott in unseren Herzen bewahren, sodass wir zu diesem Ziel kommen und tatsächlich Anteil haben werden an dieser ersten Auferstehung von den Toten. Die Braut Jesu besteht aus allen Generationen. In der letzten Generation in dieser letzten Zeit wird etwas geschehen, das wir in keiner Generation zuvor gesehen haben. Die Braut wird nämlich aus einer großen Schar bestehen, die aus Israel und der ganzen Menschheit kommt. Wenn wir zurückschauen, sehen wir, dass es solche schon in früheren Generationen gegeben hat. Aber es war immer eine kleine Schar, jedoch in der letzten Zeit wird es eine ganz große Schar sein. Es wird die wahre Gemeinde oder die wahre Kirche sein – welches Wort wir benützen wollen. Es wird eine Trennung wie bei Elia geben zwischen dem, was echt ist und zu Jesus gehört und dem, was nicht zu ihm gehört, auch wenn sie sich «Christen» nennen. Das müssen wir verstehen.

Manche Christen denken: «Die Braut, das ist die ganze Gemeinde.» Das stimmt einerseits, es ist die ganze wahre Gemeinde, aber es sind nicht alle, die in die Kirche gehen. Es sind solche, die wirklich verwandelt sind, es sind solche, die ihm wirklich ähnlich geworden sind. Wenn wir seine Braut sind, wenn wir «Fleisch von seinem Fleisch und Bein von seinem Bein sind»[7], wenn wir ihm gehören, dann müssen wir ihm ähnlich sein. Mit diesem Ziel führt Gott uns durch einen Prozess. Und genau das schauen die Zeugen der Wolke. Sie blicken auf uns, um zu sehen, dass wir weiter den Weg gehen, den ganzen Weg mit dem Herrn.

Die Braut denkt über das Hochzeitsmahl des Lammes nach. Was passiert bei einer Hochzeit? Zwei Personen werden eins, Mann und Frau. Die Frau bekommt normalerweise den Familiennamen des Mannes. Heutzutage ist es schon etwas anders, aber so war es. Sie gehört zu diesem Mann. Wenn wir seine Braut sind und wenn es eine Hochzeit gibt – und das müssen wir nun im Geist verstehen – und er der König ist, dann werden wir seine Königin werden – auch wenn wir Männer sind. Es hat nichts mit dem Geschlecht zu tun, sondern mit etwas, das viel größer ist als das,

[7] Siehe Epheser 5, 30 in der Übersetzung von Hermann Menge

was wir hier auf der Erde mit dem Geschlecht verbinden, sodass wir zuletzt eins mit ihm werden. Das ist unser Verlangen, wenn wir das Abendmahl nehmen. Ich persönlich glaube, dass das Geheimnis des Abendmahls damit zu tun hat, dass wir uns mit ihm vereinigen. Er gibt sich uns selbst. Und wir werden im Abendmahl miteinander vereint, indem wir bekennen, dass wir zum Neuen Bund gehören. Er hat diesen Neuen Bund mit uns gemacht, und wenn er einen Bund mit uns gemacht hat, dann gehören wir alle zu diesem Bund. Das ist etwas, was die Christen auch nicht in der Tiefe verstanden haben. Deshalb sieht man oft, dass wenn Menschen in einer Gemeinde unzufrieden sind, sie in eine andere Gemeinde gehen. Und wenn es ihnen dort nicht gefällt, gehen sie nochmals in eine andere Gemeinde. Man hat nicht mehr die Beziehung zu den Brüdern in dem festen Bewusstsein, dass wir in einem Bund miteinander stehen. Das ist etwas ganz Tiefes.

Ich kenne es ein wenig, weil ich in einer kleinen Kommunität lebe. Ich lebe mit meinem leiblichen Bruder schon seit vierzig Jahren. Jetzt haben wir einen jüngeren Bruder, der vor zehn Jahren dazugekommen ist. Wir sind immer noch zusammen, und das ist nicht selbstverständlich, weil es zwischen Menschen immer Schwierigkeiten gibt. Aber wie löst man das Problem? Ich muss zunächst einmal verstehen, dass ich mit meinen Brüdern in einer Beziehung lebe, die mit einem Bund zu tun hat. Wenn es nun Schwierigkeiten gibt, darf ich nicht bloß denken: «Jetzt geht es nicht mehr weiter, ich suche eine andere Gemeinschaft!» Das darf ich nicht tun! Ich muss den Weg des Herrn gehen. Das bedeutet, wenn etwas bei mir nicht stimmt, dann soll ich es bekennen. Und wenn ich etwas gegen einen Anderen getan habe, dann soll ich um Vergebung bitten. Dann soll er mir vergeben, und es soll eine Versöhnung geben, sodass wir den Weg weiter miteinander gehen können. Das hat mit einem Bund zu tun. Es ist wichtig für uns zu verstehen, dass wir ein Bundesvolk sind, das heißt, dass wir zu einem Bund gehören. Und jedes Mal, wenn wir das Abendmahl nehmen, dann ist es nicht etwas Symbolisches, sondern es hat eine viel tiefere Bedeutung. Es ist etwas Wirkliches, es ist eine Wirklichkeit! Ich empfange Jeschua, seinen Leib und sein Blut. Diesen Bund hat er mit uns gemacht, indem er seinen Leib und sein Blut für uns gegeben hat.

Ich gehe jetzt nicht in weitere Einzelheiten, wie ich das Abendmahl verstehe, aber ich verstehe es als etwas Heiliges und etwas, mit dem ich immer vor Gott stehe und zu ihm sage: «Ich stehe im Bund mit Dir und meinen Brüdern.» Es ist so wichtig, dass wir das begreifen, besonders in der Zeit, in der wir leben. Der Feind wird weiter versuchen, uns auseinanderzureißen. Es ist wichtig, dass wir zusammenbleiben in Liebe und den Weg zusammen finden, weil Jesus nur eine Braut hat. Was wird Jesus in der Endzeit tun? Er wird seine Braut sammeln. Wir werden nicht mehr auseinandergehen, sondern er wird uns irgendwie sammeln, alle, die zu ihm gehören. Wie er es tun wird, bleibt ein Geheimnis, aber er wird es tun, weil jeder jeden mit dem Namen erkennen wird. Das wissen wir! Und, wie gesagt, er wird seine Braut sammeln, sodass wir wirklich in die Einheit dieses Bundes hineinkommen. Das wird er in dieser letzten Zeit tun, um uns vorzubereiten auf das Große, das noch geschehen wird. Es ist so wichtig zu verstehen, dass dies ein Wort ist für uns jetzt als seine Gemeinde. Er redet zu uns jetzt in dieser Endzeit, sodass wir es verstehen und dass wir nicht die gleichen Fehler machen, die man in so vielen Generationen gemacht hat. Er hat einen Weg für uns, und ich glaube, dass die Gemeinde ganz anders aussehen wird, je mehr wir seinem Kommen entgegengehen.

Ich stelle mir vor – zumindest in Israel – aber auch bei den Gläubigen in den Nationen, dass es noch mehr Lebensgemeinschaften geben wird, in denen man wirklich sein Leben mit Brüdern und Schwestern teilt, wo wir wirklich Reich Gottes auf eine tiefere Weise leben können. Ich sehe das Verlangen bei vielen in unserer Gemeinde. Ja, wir haben eine gute Gemeinde. Sicher kann sie noch viel weiter wachsen, aber wir haben wirklich Frieden in der Gemeinde. Wir haben Leute, die echt den Herrn suchen, um mehr von ihm zu empfangen. Sie lieben den Herrn, aber sie spüren auch, dass ihnen immer noch etwas fehlt. Das hat zu tun mit einer engeren und tieferen Gemeinschaft miteinander, und der Preis ist immer sehr hoch. Das wissen wir und das weiß jeder, der verheiratet ist. Wenn man in einer Gemeinschaft lebt, dann weiß man das.

Manchmal fragt man sich, wie es weitergehen soll, aber Gott hat einen Weg für uns, wenn wir treu bleiben. Es ist auch ein Glaubensweg. Damit will ich sagen: Wenn wir denken, es müsse sich etwas in unseren Beziehungen verändern – wobei wir aber noch nicht sehen, wo diese Veränderung stattfinden soll –, dann müssen wir einfach im Glauben stehen, beten und dem Herrn vertrauen. Das, was wir nicht schaffen können, wird er tun, wenn wir treu bleiben. Das hat zu tun mit Gemeinde und Gemeinschaft. Der Herr will, dass wir das viel besser verstehen. Er will dass alle diese Mauern, die wir über Generationen aufgebaut haben zwischen den Konfessionen und die große Mauer zwischen Israel und den Nationen, sich erweisen werden als Mauern von Jericho, die gefallen sind. Wenn wir die Bundeslade tragen, das Zeichen des Bundes, bezeugen wir, dass wir das Volk eines Bundes sind, sodass alle diese Mauern fallen werden. Gott wird sie zerbrechen. Er hat sie schon am Kreuz zerbrochen, aber wir haben sie wieder aufgerichtet in der Geschichte, aber sie werden wieder fallen. Dann werden solche, die wirklich den Herrn suchen, zusammenfinden in dieser letzten Zeit mit diesem Glauben, dass der Herr wiederkommt, und dass die Toten wahrhaftig auferstehen werden.

19. Die Auferstehung der Toten und unsere Berufung als Zeugen

Paulus sagt sinngemäß in 1. Korinther 15, 13–19 und in Vers 32: Wenn die Toten nicht auferstehen, haben wir keine Hoffnung, dann können wir leben wie alle anderen Menschen. Wir werden sterben und es gibt keinen Unterschied zwischen den Gläubigen und der Welt. Aber Paulus macht klar: «Nein! Wir werden sterben in Schwachheit und auferstehen in Herrlichkeit. Und so, wie jeder stirbt und seine Herrlichkeit hat, so wird jeder, der zu Jesus gehört, eine andere Herrlichkeit haben, aber zusammen bilden wir seine Herrlichkeit, zusammen bilden wir seine Braut.» Es ist etwas so Wunderbares, aber es soll etwas ganz Grundlegendes in unserem Glauben sein.

Manchmal erlebt man etwas von dieser Wahrheit bei einer christlichen Beerdigung. Bei einer jüdischen Beerdigung, insbesondere bei den orthodoxen Juden, ist immer eine große Schwere spürbar. Wenn jemand von ihnen stirbt, erlebt man Dunkelheit, die Spiegel werden zum Zeichen der Trauer zugedeckt, und man sitzt zusammen in Trauer. Es ist gut, dass man trauert, aber man spürt keine Hoffnung auf das, was kommt. Manchmal ist die Atmosphäre bei einer christlichen Beerdigung wirklich ganz anders. Man weiß, dass der Verstorbene bei Jesus ist. Wir wissen nicht genau, wie das ist, wenn man stirbt und zu Jesus geht, ob wir schlafen oder ob wir wach sind, aber wir sind bei Ihm. Das ist das Wunderbare, dass wir das wissen. So sind wir gewiss, dass die verstorbene Person einen Übergang gemacht hat. Sie befindet sich irgendwo anders. Paulus hat gesagt: «Es ist besser, dort zu sein als hier zu sein.» Und wir spüren das, wir glauben das, und es ist nicht diese Schwere da. Wir wissen, dass es eigentlich ein neuer Anfang ist, wir wissen, es ist das Ziel. Was ist unser Ziel im

Leben? Unser Ziel ist das, was noch kommen wird, und für das sollen wir leben. Das gibt uns auch Frieden in unserem Herzen.

Als ich meinen Unfall hatte, haben die Ärzte zu meinem Bruder gesagt: «Du musst dich bereit dafür machen, dass dein Bruder niemals mehr derselbe sein wird.» Er hat jedoch in seinem Herzen gewusst, dass dies nicht eintreffen wird. Ich kann mich erinnern, dass eine sehr liebe Schwester zu mir gekommen ist und mich gefragt hat, ob ich mich auf den Tod vorbereite. Sie hat es gut gemeint. Ich hatte jedoch nicht den Eindruck, dass ich zu jenem Zeitpunkt sterben würde. Aber was ich die ganze Zeit erlebt habe, war, dass ich mir ziemlich hilflos vorkam. Ich schaffte es am Anfang kaum aus dem Bett, und wenn ich einmal aufgestanden war, musste mich jemand bei der Hand nehmen. Ich konnte monatelang nicht die Treppen hinauf- oder hinuntergehen. Bei meinen ersten Spaziergängen musste mich immer jemand begleiten. Aber eines kann ich wirklich sagen: In der ganzen Zeit hatte ich einen vollkommenen Frieden in meinem Herzen. Ich hatte keine Sorgen, ich war in vollkommener Ruhe. Ich wusste irgendwie, dass es besser werden würde. Der Friede kommt von Gott, weil ich wusste, meine Zukunft ist bei ihm. Ich lebe für ihn. Es geht nicht nur darum, was jetzt hier auf dieser Erde geschieht. Ich hatte den tiefen Eindruck, dass ich mein Leben noch nicht vollendet habe und dass ich noch einen Weg auf dieser Welt zu gehen habe. Ich hatte einen tiefen Frieden in meinem Herzen, den nur Gott geben kann. Ich freue mich, dass der Herr mir das ins Herz gelegt hat und ich es von ganzem Herzen bezeugen kann.

Wir wollen auf das schauen, was kommen wird und was die Schrift uns sagt.

Jesaja 43, 9b–13
Es ist wahr. Ihr seid meine Zeugen, spricht der HERR, und mein Knecht, den ich erwählt habe, damit ihr erkennt und mir glaubt

und einseht, dass ich es bin. Vor mir wurde kein Gott gebildet, und nach mir wird keiner sein. Ich, ich bin der HERR, und außer mir gibt es keinen Retter. Ich habe verkündigt und gerettet und hören lassen, und kein fremder Gott war unter euch. Und ihr seid meine Zeugen spricht der HERR; ich bin Gott. Ja, auch weiterhin bin ich es, und da ist niemand, der aus meiner Hand rettet. Ich wirke, und wer kann es rückgängig machen?

Gott redet hier zu Israel, aber eigentlich redet er zu uns allen. Es ist ein Wort, das Gott Israel gegeben hat, aber es ist uns allen gegeben. Wir sind seine Zeugen. Ein Zeuge ist jemand, der etwas gesehen, der etwas erlebt hat, sonst können wir keine Zeugen sein. Wir können nicht Zeugen sein aufgrund von etwas, das wir nur verstehen, wir müssen es auch erlebt haben. Das Erlebte muss sichtbar werden, sodass andere es sehen. Wir sind seine Zeugen hier in dieser Welt. Wir sollen ganz anders sein als die Kinder dieser Welt. Je mehr wir der Wiederkunft Jesu entgegengehen, desto deutlicher wird es werden, dass solche, die ihm gehören, auch anders sind. Sie sind nicht wie diese Welt.

Wir sind berufen, für ihn ein Zeugnis zu geben durch unser ganzes Leben, nicht nur durch ein Wort. Manche Gläubige denken, wenn sie auf die Straße gehen und ein Rezept haben, wie sie den Menschen das Evangelium bringen – nämlich die Schritte 1–4, dann seien sie Zeugen. Das Wort Gottes meint mit dem Begriff, ein Zeuge zu sein, etwas ganz anderes. Jesus ist der wahre Zeuge. Er ist in erster Linie Zeuge durch sein Wesen, nicht durch die Wunder, die er getan hat, nicht durch die Lehre, die er gegeben hat, so wichtig diese Dinge sind. Er ist Zeuge, weil er ist, wer er ist. Gott sagt zu Mose: «Ich bin, der ich bin!»[8] Jesus ist der, der er ist. Jeder der ihm begegnete, konnte etwas erleben. Manchmal sieht man Jesus auf Bildern mit einem Licht

[8] 2. Mose 3, 14

auf seinem Haupt. Aber wenn wir das Evangelium lesen, stellen wir fest, dass er ausgesehen hat wie die Menschen seiner Generation, er war jedoch in seinem Wesen ganz anders. Und das sollen auch wir sein. Auch im Himmel sollen wir es bezeugen, weil wir durch einen langen Prozess gegangen sind. Und dieser Prozess beinhaltet Werte, die mit in die Ewigkeit hineingehen, wo wir wirklich den Willen Gottes in dieser Welt tun. Dann sind unsere Werke nicht unsere eigenen Werke, sondern wurden vom Heiligen Geist in uns initiiert. Diese Werke bleiben in Ewigkeit. Diese Tatsache sehen wir auch im himmlischen Jerusalem, dass nämlich Dinge aus dieser Zeit in die Ewigkeit hineingekommen sind. Wir sehen zum Beispiel über den zwölf Toren vom himmlischen Jerusalem die Namen der zwölf Stämme Israels. Wenn wir im 1. Mose von den zwölf Stämmen Israels lesen, bekommen wir kein sehr schönes Bild von ihnen, aber Gott hat sie erwählt. Sicher gab es manches, das sie in Treue gegenüber Gott getan haben, was in Ewigkeit bleibt. Deshalb stehen ihre Namen über den Eingängen der himmlischen Stadt.

Auch wir sind berufen, Zeugen in dieser Welt für unseren Herrn zu sein – nicht die Zeugen Jehovas – sondern die Zeugen von Jeschua HaMaschiach. Das ist die Berufung, die Gott uns gegeben hat in der Welt, in der wir leben.

20. Das kommende Reich Gottes, das Tausendjährige Reich

Ich lese Schriftstellen darüber, wie es im Tausendjährigen Reich sein wird, sodass wir etwas von jener Zeit verstehen.

Jesaja 35, 5–10
Dann werden die Augen der Blinden aufgetan und die Ohren der Tauben geöffnet. Dann wird der Lahme springen wie ein Hirsch, und jauchzen wird die Zunge des Stummen. Denn in der Wüste bricht Wasser hervor und Bäche in der Steppe. Und die Wüstenglut wird zum Teich und das dürre Land zu Wasserquellen. An der Stelle, wo die Schakale lagerten, wird Gras sowie Rohr und Schilf sein. Und dort wird eine Straße sein und ein Weg, und er wird der heilige Weg genannt werden. Kein Unreiner wird darüber hinziehen, sondern er wird für sie sein. Wer auf dem Weg geht — selbst Einfältige werden nicht irregehen. Kein Löwe wird dort sein, und kein reißendes Tier wird auf ihm hinaufgehen noch dort gefunden werden, sondern die Erlösten werden darauf gehen. Und die Befreiten des HERRN werden zurückkehren und nach Zion kommen mit Jubel, und ewige Freude wird über ihrem Haupt sein. Sie werden Wonne und Freude erlangen, und Kummer und Seufzen werden entfliehen.

Hier sehen wir einen wunderbaren Prozess der Wiederherstellung. Den Blinden werden die Augen aufgetan, so wie Jesus es getan hat. Den Tauben werden die Ohren geöffnet. Die Lahmen werden springen wie Hirsche, und die Stummen singen. Die Wüste wird verwandelt, sodass dort Wasserbäche fließen und Leben sich entfaltet. Es wird sich kein Raubtier mehr dort bewegen, das eine Gefahr für Menschen sein könnte. «Dort wird eine Straße sein und ein Weg.» Jesus sagt: *«Ich bin der Weg, die*

Wahrheit und das Leben!» Er ist dieser heilige Weg. Und dieser Weg *«wird der heilige Weg genannt werden. Kein Unreiner wird darüber hinziehen, sondern er wird für sie, die Erlösten, sein.»* Wer auf diesem Weg geht, wird den Weg wirklich in Sicherheit gehen, weil ER der Weg ist. So wird es Freude, Jubel und ein Singen geben, und sie werden nach Zion gehen. Das ist ein prophetisches Bild für das, was kommen wird und das, was wir uns wünschen, und es wird tatsächlich kommen. Es hat zu tun mit Heilung, mit Wiederherstellung und mit Segen, den Gott über die ganze Erde ausschütten wird.

Im Folgenden ein sehr bekannter Text, der auch für mich persönlich überaus bedeutsam ist, weil ich oft nach Ägypten gegangen bin. Die Ägypter sind sehr stolz auf jene Verse. Das geht soweit, dass in Kairo eine kleine Kapelle am Ufer des Nils steht; ägyptische Brüder haben mich dorthin geführt. Was ist das Besondere an dieser Kapelle? Man betritt den Raum und sieht unter einem Glas eine ganz alte Bibel, die aufgeschlagen ist – welche Verse sind da wohl zu lesen? Jesaja 19. Man erzählt dazu folgende Geschichte. Eines Tages betrachtete jemand das Wasser des Nils und plötzlich tauchte aus dem Wasser diese Bibel auf. Nicht nur das, sondern sie war sogar aufgeschlagen, sodass Jesaja Kapitel 19 zu lesen war. Und nun ist diese Bibel, so aufgeschlagen, in jener Kapelle ausgestellt. Ob es eine wahre Geschichte ist oder nicht, weiß ich nicht. Ich kann mir vorstellen, dass sie wahr ist. Die Ägypter sind auf jeden Fall sehr stolz auf diese Verse.

Jesaja 19, 23–25

An jenem Tag wird es eine Straße von Ägypten nach Assur geben. Assur wird nach Ägypten und die Ägypter nach Assur kommen, und die Ägypter werden mit Assur dem HERRN dienen. An jenem Tag wird Israel der Dritte sein mit Ägypten und mit Assur, ein Segen inmitten der Erde. Denn der HERR der Heerscharen segnet es und spricht: Gesegnet sei Ägypten, mein Volk, und Assur, meiner Hände Werk, und Israel, mein Erbteil!

Diese wenigen Verse sagen uns viel. Sie sprechen von einem Frieden, der kommen wird. Sie sagen uns aber auch, dass alle den wahren Gott erkennen werden, weil genau das hier steht, denn es heißt: «*Denn der HERR der Heerscharen segnet es und spricht: Gesegnet sei Ägypten, mein Volk, und Assur, meiner Hände Werk, und Israel, mein Erbteil!*»

Das heißt, dass es dort keinen Islam mehr geben wird. Sie werden Jesus erkennen und ihn lieben. Assur – heute Syrien – ist auch ein moslemisches Land. Aber Gott nennt es «*meiner Hände Werk*» und Israel nennt der Herr «*mein Erbteil*». Das wird zurzeit des Tausendjährigen Reichs geschehen. Etwas ganz Wunderbares.

Ein weiterer Bibeltext, der uns viel sagt über die Zeit, die kommen wird:

Jesaja 11, 1–10
1 Und ein Spross wird hervorgehen aus dem Stumpf Isais, und ein Schössling aus seinen Wurzeln wird Frucht bringen.
2 Und auf ihm wird ruhen der Geist des HERRN, der Geist der Weisheit und des Verstandes, der Geist des Rates und der Kraft, der Geist der Erkenntnis und Furcht des HERRN;
3 und er wird sein Wohlgefallen haben an der Furcht des HERRN. Er wird nicht richten nach dem, was seine Augen sehen, und nicht zurechtweisen nach dem, was seine Ohren hören,
4 sondern er wird die Geringen richten in Gerechtigkeit und die Elenden des Landes zurechtweisen in Geradheit. Und er wird den Gewalttätigen schlagen mit dem Stab seines Mundes und mit dem Hauch seiner Lippen den Gottlosen töten.

5 Gerechtigkeit wird der Schurz seiner Hüften sein und die Treue
der Schurz seiner Lenden. —
6 Und der Wolf wird beim Lamm weilen und der Leopard beim
Böckchen lagern. Das Kalb und der Junglöwe und das Mastvieh
werden zusammen sein, und ein kleiner Junge wird sie treiben.
7 Kuh und Bärin werden miteinander weiden, ihre Jungen werden
zusammen lagern. Und der Löwe wird Stroh fressen wie das Rind.
8 Und der Säugling wird spielen an dem Loch der Viper und das
entwöhnte Kind seine Hand ausstrecken nach der Höhle der Otter.
9 Man wird nichts Böses tun noch verderblich handeln auf meinem
ganzen heiligen Berg. Denn das Land wird voll von Erkenntnis des
HERRN sein, wie von Wasser, das das Meer bedeckt. —
10 Und an jenem Tag wird es geschehen: Der Wurzelspross Isais, der
als Feldzeichen der Völker dasteht, nach ihm werden die Nationen
fragen; und seine Ruhestätte wird Herrlichkeit sein.

Ab Vers 2 stellen wir uns am besten zunächst eine Menorah vor. Das Licht in der Mitte der Menorah stellt den Geist des Herrn dar. Dann sehen wir das äußerste Licht auf einer Seite der Menorah, das für den Geist der Weisheit steht. Dann folgt das Licht auf der anderen Seite der Menorah, das den Geist des Verstandes darstellt. Weiter folgen die Lichter von außen nach innen, die den Geist des Rates und den Geist der Kraft sowie der Erkenntnis und der Furcht des Herrn repräsentieren.

Das sind die sieben Aspekte des Geistes Gottes, die in der Menorah dargestellt werden. Dasselbe zeigt uns Johannes in Offenbarung 4, Vers 5, als er in den Himmel hinaufsteigt und vor dem Thron Gottes sieben Fackeln mit Feuer brennen sieht, die als die sieben Geister Gottes beschrieben werden. So wie wir von Vater, Sohn und Heiligem Geist als von *einem* Gott sprechen, so gibt es auch nur einen Heiligen Geist, der jedoch, wie schon gesagt, in sieben verschiedene Aspekte unterteilt wird. Es ist etwas

Vollkommenes, es ist *der* Heilige Geist. Dieser Geist ruhte schon auf Jeschua, als er auf Erden war. Der Prophet sah diese Wirklichkeit im Zusammenhang mit der Zukunft des Tausendjährigen Reichs.

In Vers 3 heißt es: *«Er wird nicht richten nach dem, was seine Augen sehen, und nicht zurechtweisen nach dem, was seine Ohren hören, …»*. Das heißt, er wird nicht nach dem richten, was er äußerlich mit seinen natürlichen Augen und Ohren sieht und hört, sondern nach dem, was er vom Heiligen Geist hört, der der Geist der Wahrheit ist. Es bedeutet auch, dass wir vieles hören und sehen, wir sollen uns aber nicht von allem, was wir hören und sehen, beeinflussen lassen.

In Vers 7 spricht der Prophet davon, dass Kuh und Bärin miteinander weiden werden und ihre Jungen zusammen lagern werden. Der Löwe wird Stroh fressen wie das Rind. So war es im Garten Eden vor dem Sündenfall.

Der Vers 8 spricht vom Säugling, der am Loch der Viper spielen wird, und dass das entwöhnte Kind seine Hand ausstrecken wird nach der Höhle der Otter. Die Viper ist eine gefährliche Schlange. Wir hatten einen Fall im letzten Jahr in unserer Gemeinde. Das war eine ernste Sache. Eine junge Schwester war oben in Galiläa. Sie wollte bei Nacht im See Genezareth schwimmen und hat dabei eine Viper nicht gesehen, die in ihren Fuß gebissen hat. Sie war weit weg von einem Krankenhaus, aber Gott hat für Hilfe gesorgt. Die Polizei war in der Nähe. Man hat sie schnell ins Krankenhaus gebracht. Aber die Wiederherstellung hat lange Zeit gedauert. Sie wurde ganz geschwollen, konnte nicht mehr reden, hatte schreckliche Schmerzen. Aber man hat sie gerettet. In der Beschreibung des Propheten sehen wir, dass es im Tausendjährigen Reich jedoch ganz anders sein wird, dass der Säugling ohne Gefahr am Loch der Viper spielen wird.

Was wir in den Versen 9 und 10 lesen, ist wieder ein wunderbares Bild von dem, was kommen wird. Es ist wiederum nicht etwas Idealistisches, sondern die Wahrheit. Es war einmal so schön ganz am Anfang und es wird noch viel schöner sein, wenn Jesus auf Erden regiert ganz am Ende.

Ich lese noch Verse aus:

Jeremia 3, 15–18
Und ich werde euch Hirten geben nach meinem Herzen, und sie werden euch weiden mit Erkenntnis und Verstand. Und es wird geschehen, wenn ihr euch im Land vermehrt und fruchtbar seid in jenen Tagen, spricht der HERR, wird man nicht mehr sagen: »Die Bundeslade des HERRN«; und sie wird keinem mehr in den Sinn kommen, und man wird nicht mehr an sie denken noch sie suchen, und sie wird nicht wiederhergestellt werden. In jener Zeit wird man Jerusalem den Thron des HERRN nennen, und alle Nationen werden sich zu ihr versammeln wegen des Namens des HERRN in Jerusalem. Und sie werden nicht mehr der Verstocktheit ihres bösen Herzens folgen. In jenen Tagen wird das Haus Juda mit dem Haus Israel zusammengehen, und sie werden miteinander aus dem Land des Nordens in das Land kommen, das ich euren Vätern zum Erbteil gegeben habe.

Heute gibt es immer noch Menschen, die die Bundeslade suchen. Aber hier verheißt die Schrift, dass die Zeit kommen wird, in der im Mittelpunkt der Verehrung nicht mehr die Bundeslade steht, sondern der Thron Gottes in Jerusalem. Jerusalem wird wirklich die Heilige Stadt werden, wie es in den Propheten verheißen wird.

21. Die Prophetie von Daniel über das Kommen des Reiches Gottes

Daniel 7, 9–10; 13–14

Ich schaute, bis Throne aufgestellt wurden und einer, der alt war an Tagen, sich setzte. Sein Gewand war weiß wie Schnee und das Haar seines Hauptes wie reine Wolle, sein Thron Feuerflammen, dessen Räder ein loderndes Feuer. Ein Feuerstrom floss und ging von ihm aus. Tausend mal Tausende dienten ihm, und zehntausend mal Zehntausende standen vor ihm. Das Gericht setzte sich, und Bücher wurden geöffnet.

Ich schaute in Gesichten der Nacht: und siehe, mit den Wolken des Himmels kam einer wie der Sohn eines Menschen. Und er kam zu dem Alten an Tagen, und man brachte ihn vor ihn. Und ihm wurde Herrschaft und Ehre und Königtum gegeben, und alle Völker, Nationen und Sprachen dienten ihm. Seine Herrschaft ist eine ewige Herrschaft, die nicht vergeht, und sein Königtum so, dass es nicht zerstört wird.

Ich denke, dass im Alten Testament diese Beschreibung das deutlichste Bild von Jeschua ist, wie er vor den Vater kommt und der Vater ihm die Herrschaft, Ehre sowie das Königtum gibt, und alle Völker, Nationen und Sprachen ihm dienen. Und dann steht am Ende: Seine Herrschaft ist eine ewige Herrschaft, die nicht vergeht, und sein Königtum wird nicht zerstört. Das ist ein wunderbares Wort.

In der folgenden Schriftstelle geht es – kurz zusammengefasst – um den Traum, den König Nebukadnezar von Babel hatte. Keiner seiner Weisen am Hofe konnte ihm diesen sehr eindrucksvollen Traum, den er in einer Nacht hatte, deuten. Er hatte in jenem Traum eine Statue gesehen, deren Haupt aus feinem Gold, ihre Brust und ihre Arme aus Silber, ihr Bauch und ihre Lenden aus Bronze, ihre Schenkel aus Eisen, ihre Füße teils aus Eisen und teils aus Ton bestanden. Diese Statue war eine Prophetie darüber, welche Reiche nach Babylon an die Weltherrschaft kommen werden bis zum Anbruch des Reiches Gottes. Daniel, ein Deportierter aus Juda, erklärte dem König dank einer Offenbarung Gottes diesen Traum.

Daniel 2, 34–35; 44–45
34 Du schautest, bis ein Stein losbrach, und zwar nicht durch Hände, und das Bild an seinen Füßen aus Eisen und Ton traf und sie zermalmte.
35 Da wurden zugleich das Eisen, der Ton, die Bronze, das Silber und das Gold zermalmt, und sie wurden wie Spreu aus den Sommertennen; und der Wind führte sie fort, und es war keinerlei Spur mehr von ihnen zu finden. Und der Stein, der das Bild zerschlagen hatte, wurde zu einem großen Berg und erfüllte die ganze Erde.

44 Und in den Tagen dieser Könige wird der Gott des Himmels ein Königreich aufrichten, das ewig nicht zerstört werden wird. Und das Königreich wird keinem anderen Volk überlassen werden; es wird all jene Königreiche zermalmen und vernichten, selbst aber wird es ewig bestehen:
45 Wie du gesehen hast, dass von dem Berg ein Stein losbrach, und zwar nicht durch Hände, und das Eisen, die Bronze, den Ton, das Silber und das Gold zermalmte. Ein großer Gott lässt den König wissen, was nach diesem geschehen wird; und der Traum ist zuverlässig und seine Deutung zutreffend.

Nach dieser Vision, die bis in unsere Zeit hineinreicht, wird sich das Reich Gottes ausbreiten und eine gewaltige Vollmacht haben. Das Reich Gottes wird hier dargestellt durch den Stein, der nicht durch Hände losbrach und die gesamte Statue zermalmte. Der Stein wird die Statue an den Füßen treffen, sodass sie völlig vernichtet wird. Es wird sein wie bei den beiden Türmen des World Trade Centers in New York am 11. Sept. 2001, die durch den Terroranschlag zusammenbrachen. Der Wind wird den Staub, der von der Statue übrigbleiben wird, wegblasen. Und am Ende wird nur das bleiben, was von Gott ist. Das ist die Erfüllung der Prophetie von Daniel, die noch aussteht.

Es ist wichtig, dass wir diese Dinge in unseren Herzen bewahren, glauben und auch dafür beten. Daniel betete auch[9]. Er wusste aus der Prophetie von Jeremia[10], dass die Gefangenschaft Israels in Babylon siebzig Jahre dauern wird. Er kannte also diese Verheißung der Befreiung nach siebzig Jahren, aber er war nicht passiv. Er sagte nicht: «Es ist verheißen, also wird es sowieso in Erfüllung kommen. Ich warte einfach ab.» Nein, er betete dafür, bekannte auch die Sünde seines Volkes gegenüber Gott: «Wir haben gegen dich gesündigt, deshalb sind wir hier in Babylon. Wir bitten dich, vergib uns unsere Sünden.» Er wusste: Das Ende des Exils kommt und Gott wird sein Wort erfüllen. Das gilt auch uns: Gott wird sein Wort erfüllen, aber wir sollen dafür auf die richtige Weise beten, dass dieses Wort über das Kommen des Reiches Gottes erfüllt wird, und er bald mit uns zum Ziel kommt.

---

[9] Daniel 9

[10] Jeremia 25, 11; Jeremia 29, 10

22. Jerusalem, die Stadt des großen Königs und Kampfgebiet der Finsternis

Psalm 137, 4–6

Wie sollten wir des HERRN Lied singen auf fremder Erde?

Wenn ich dich vergesse, Jerusalem, so werde vergessen meine Rechte!

Es klebe meine Zunge an meinem Gaumen, wenn ich deiner nicht gedenke, wenn ich Jerusalem nicht zu meiner höchsten Freude erhebe!

Matthäus 23, 37–39

Jerusalem, Jerusalem, die da tötet die Propheten und steinigt, die zu ihr gesandt sind! Wie oft habe ich deine Kinder versammeln wollen, wie eine Henne ihre Küken versammelt unter ihre Flügel, und ihr habt nicht gewollt! Siehe, euer Haus wird euch öde gelassen; denn ich sage euch: Ihr werdet mich von jetzt an nicht sehen, bis ihr sprecht: »Gepriesen sei, der da kommt im Namen des Herrn!«

Folgende Verse vom Propheten Hosea beten die Juden jeden Tag, wenn sie ihre Gebetsriemen anlegen:

Hosca 2, 21–22

Und ich will dich mir verloben in Ewigkeit, und ich will dich mir verloben in Gerechtigkeit und in Recht und in Gnade und in Erbarmen, ja in Treue will ich dich mir verloben; und du wirst den HERRN erkennen.

Jeremia 33, 15–16

In diesen Tagen und zu dieser Zeit werde ich dem David einen Spross der Gerechtigkeit hervorsprossen lassen, der wird Recht und Gerechtigkeit üben im Land.

In jenen Tagen wird Juda gerettet, und Jerusalem wird in Sicherheit wohnen. Und das wird sein Name sein, mit dem man es benennt: »Der HERR, unsere Gerechtigkeit«.

2. Chronik 6, 6
Aber Jerusalem habe ich erwählt, dass mein Name dort sei, und David habe ich erwählt, dass er über mein Volk Israel König sei.

Die Geschichte Jerusalems fängt an im 1. Mosebuch. Abraham empfing die Verheißung von Gott, dass er einen Sohn bekommen soll und dass durch diesen Sohn der ganze Segen, den Gott ihm gegeben hat, weitergehen und sich ausbreiten wird, zuletzt über die ganze Menschheit. Abraham wartet eine sehr lange Zeit – etwas mehr als 20 Jahre – bis dieses Wort in Erfüllung kommt. Dann wird dieses Wort erfüllt, die drei Männer kommen – meistens spricht man von drei Engeln – die drei Boten Gottes. Wenn man die hebräische Bibel lesen kann, erkennt man darin auch eine Offenbarung über die drei Männer, dass sie die Dreieinigkeit sind. Das haben auch manche Künstler so gesehen und gemalt. Diese drei Männer sagen Abraham und Sarah, dass sie in einem Jahr einen Sohn haben werden. Sie haben beide die Verheißung bekommen, aber beide lachen, weil sie schon so alt sind und so lange gewartet haben. Es scheint ihnen kaum möglich zu sein, dass das Wort sich erfüllt. Sie lachen auch aus Freude, dass Gott sagt: «Es dauert nur noch ein Jahr.» Deshalb heißt der Sohn Jizhak, weil «Jitzhok» Lachen bedeutet. Auf Deutsch ist sein Name Isaak.

Nach mehreren Jahren kommt der Herr eines Tages ganz plötzlich zu Abraham und sagt ihm in 1. Mose 22, 2: «*Nimm deinen Sohn, deinen einzigen, den du lieb hast, den Jizhak (Isaak), und ziehe hin in das Land Morija und opfere ihn dort als Brandopfer auf einem der Berge, den ich dir nennen werde!*» Abraham sagt kein Wort darauf. Er hatte sicher viele Gedanken, als Gott ihm dieses Wort gab. Er hat sich bestimmt innerlich gefragt: «Wie kann das sein, denn Gott hat mir doch die Verheißung für diesen Sohn gegeben, er hat einen Bund mit mir und meinen Nachkommen gemacht, und zwar den Nachkommen von Jitzhak. Wir haben viele Jahre gewartet, dann ist Sarah schwanger geworden. Jetzt haben wir diesen Sohn, und ich liebe ihn. Und jetzt verlangt Gott, dass ich diesen Sohn opfere?» Die Schrift nennt ihn «seinen einzigen Sohn», obwohl er auch Ismael gehabt hat. Er sagt darüber aber kein Wort zu Gott. Wir erinnern uns, dass Gott dem Abraham die Vernichtung von Sodom und Gomorra angekündigt hatte, weil diese Städte in großer Dunkelheit lebten. Damals verhandelte Abraham mit Gott, als es aber um die Opferung seines Sohnes ging, verhandelte er nicht. Hier hat er sicher Gott nicht verstanden, aber er hat Gott geglaubt und ist den Weg nach Morija gegangen.

Er sieht den Ort, wo er hingehen soll. Jizhak stellt ihm die Frage: *«Siehe, das Feuer und das Holz! Wo aber ist das Schaf zum Brandopfer?»* Abraham antwortete: *«Gott wird sich das Schaf zum Brandopfer ersehen, mein Sohn.»* Dann kommen sie zum Berg Morija, dort bindet er seinen Sohn und ist bereit, ihn zu schlachten. Wir müssen verstehen, dass es zur damaligen Zeit Völker im Land gab, die ihre eigenen Kinder geopfert haben. Das lesen wir später in der Bibel. Israel übernahm diese Opferung der Kinder nach einiger Zeit leider auch. Abraham kannte dies jedoch nicht. Er hat Gott auf eine ganz andere Weise erkannt, aber er ist bereit, seinen Sohn im Gehorsam zu opfern, ohne wirklich zu verstehen. Im Hebräerbrief Kapitel 11 bei den Glaubenshelden steht von Abraham: Weil er geglaubt hat, hat er auch geglaubt, dass Gott seinen Sohn wieder lebendig machen kann. In dem Augenblick, in dem er bereit ist, seinen Sohn zu schlachten, kommt der Engel des Herrn und ruft: «Halt!» Dieser Engel ist eigentlich der Herr selbst, weil in der Schrift manchmal der Engel des Herrn als Gott redet – nicht im Namen Gottes – sondern als Gott selbst. Dazu lesen wir:

1. Mose 22, 15–18
Und der Engel des HERRN rief Abraham ein zweites Mal vom Himmel her zu und sprach: Ich schwöre bei mir selbst, spricht der HERR, deshalb, weil du das getan und deinen Sohn, deinen einzigen, mir nicht vorenthalten hast, darum werde ich dich reichlich segnen und deine Nachkommen überaus zahlreich machen wie die Sterne des Himmels und wie der Sand, der am Ufer des Meeres ist; und deine Nachkommenschaft wird das Tor ihrer Feinde in Besitz nehmen. Und in deinem Samen werden sich segnen alle Nationen der Erde dafür, dass du meiner Stimme gehorcht hast.

Im oben zitierten Text heißt es: «Ich schwöre bei mir selbst» Das ist Gott selbst, was auch in Hebräer 6, 13 bestätigt wird.

Hier findet einfach eine Versiegelung dessen statt, was Gott ihm schon vorher verheißen hatte, aber der Herr hat noch das Letzte von ihm verlangt. Das heißt, wir können eine Verheißung bekommen, aber hier findet auch noch eine Prüfung statt. Glaubst du? Bist du bereit, im Gehorsam den Weg mit mir zu gehen? Abraham ist dazu bereit, und so versiegelt Gott diese Verheißung. So wird auch diese Stätte geheiligt. Wir lesen später in 2. Chronik 3, 1: »Und Salomo fing an, das Haus des HERRN zu bauen in Jerusalem, auf dem Berg Morija …,» Der Tempel wurde gebaut auf diesen Ort, wo Abraham bereit war, seinen Sohn zu opfern. Gott hat diesen Ort geheiligt. Das ist der geistliche Grundstein der Stadt Jerusalem.

Psalm 132, 1–10; 13–18
Gedenke, HERR, dem David alle seine Mühsal!
Der dem HERRN schwor, ein Gelübde tat dem Mächtigen Jakobs:

«Ich will das Zelt meines Hauses nicht betreten, ich will das Lager meines Bettes nicht besteigen, ich will meinen Augen keinen Schlaf gestatten, keinen Schlummer meinen Augenlidern, bis ich eine Stätte finde für den HERRN, Wohnungen für den Starken Jakobs!» Siehe, wir hören von ihr in Efrata, wir fanden sie in dem Gebiete Jaars. Lasst uns einziehen in seine Wohnungen, niederfallen vor dem Schemel seiner Füße! Erhebe dich, HERR, zu deiner Ruhe, du und die Lade deiner Stärke! Deine Priester sollen sich bekleiden mit Gerechtigkeit, und deine Frommen sollen jubeln! Wegen Davids, deines Knechtes, weise nicht ab das Angesicht deines Gesalbten!

Denn der HERR hat Zion erwählt, hat ihn begehrt zu seiner Wohnstätte: »Dies ist meine Ruhestatt für immer, hier will ich wohnen, denn ich habe ihn begehrt. Seine Speise will ich reichlich segnen, seine Armen mit Brot sättigen. Seine Priester will ich bekleiden mit Heil, seine Frommen sollen laut jubeln. Dort will ich das Horn Davids wachsen lassen, habe ich ein Licht zugerichtet meinem Gesalbten. Seine Feinde will ich bekleiden mit Schande, aber auf ihm wird seine Krone glänzen.«

Wir sehen in diesem Psalm das große Verlangen Davids, die Bundeslade nach Jerusalem hinaufzubringen. Der Grund dafür war, dass die Bundeslade ein Zeugnis war für den Bund, den Gott mit seinem Volk Israel gemacht hat. Als Ausdruck dieses Zeugnisses befanden sich in der Bundeslade die Zehn Gebote. Außerdem war im Alten Bund auf dem Deckel der Bundeslade der Thron Gottes. David erkannte, dass die Bundeslade nach Jerusalem kommen und dort ihren Ruheplatz finden musste. Das heißt, dass die Bundeslade durch die Wüste ging. Als Josua sie ins verheißene Land brachte, war sie eine Zeit lang in Schilo, dann in Gibea, aber letztlich sollte sie nach Jerusalem kommen, die Hauptstadt, die Gott erwählt hat. So sagt David: «Ich gebe meinen Augen keine Ruhe, ich kann nicht gut schlafen, bis ich eine Ruhestätte für den HERRN finde.» Das war in Jerusalem. So sehen wir, was es für David bedeutet hat. Er hat etwas Tiefes verstanden.

Dann lesen wir am Ende dieses Psalms, dass der Herr Zion erwählt hat. Er hat ihn als seine Wohnstätte begehrt. Wir wissen, dass Zion auf Erden der Ort war, auf den die Gegenwart Gottes herunterkam und den Tempel erfüllte. So hat diese Stadt eine ganz besondere Bedeutung bis zu diesem Tag. Sie ist die Stadt, auf die Gott seinen Namen gelegt hat. Der Herr sagt mehrmals in der Schrift, dass er sie erwählt und seinen Namen auf sie gelegt hat. Es ist wichtig, dass wir diese Dinge wiederholen, weil der Fokus in unserer Zeit mehr und mehr in Richtung Jerusalem geht.

Später hat auch David einen geistlichen Grundstein für den Tempel gelegt, als er auf Gottes Gebot hin auf der Tenne Araunas, des Jebusiters, ein Opfer darbrachte. (2. Chronik 3, 1)

Matthäus 5, 34 und 35
Ich aber sage euch: Schwört überhaupt nicht! Weder bei dem Himmel, denn er ist Gottes Thron; noch bei der Erde, denn sie ist seiner Füße Schemel; noch bei Jerusalem, denn sie ist des großen Königs Stadt.

Diese Worte sagte Jesus. Wir wissen, dass diese Stadt für ihn sehr wichtig war. Er tat Wunder dort und lehrte die Menschen. Am Teich Betesda heilte er einen Gelähmten, der 38 Jahre dort lag. Der Mann wartete dort darauf, dass er in den Teich hineingehen konnte, wenn ein Engel das Wasser berührte. Der Erste, der nach dieser Berührung durch den Engel ins Wasser kam, wurde geheilt. Dieser Gelähmte konnte aber nicht aufstehen. Bis er irgendwie zum Wasser kam, waren schon andere vor ihm dort. Also wartete der Kranke, und Jesus sah ihn und heilte ihn. Jesus heilte auch einen Blindgeborenen in Jerusalem. Die Schriftgelehrten und Pharisäer brachten eine Frau vor ihn, die man beim Ehebruch ertappt hatte. Sie sagten zu ihm: «Mose hat uns geboten, solche Frauen zu steinigen. Was sagst du dazu?» Sie erwarteten, dass er eine andere Aussage machen würde. So wollten sie ihn versuchen, damit sie ihn verklagen könnten. Jesus antwortete: «Ja, wer unter euch ohne Sünde ist, der soll den ersten Stein auf sie werfen.» Alle Ankläger sind weggegangen.

Im 2. Kapitel des Johannesevangeliums lesen wir auch, wie Jesus in den Tempel hinaufging, eine Peitsche machte und die Händler samt ihren Schafen und Rindern hinaustrieb, den Geldwechslern das Geld ausschüttete und die Tische umstieß. Er sagte: «Macht meines Vaters Haus nicht zu einem Kaufhaus! Es ist meines Vaters Haus, es ist heilig. Ihr habt es unrein gemacht mit eurem Handel.» Dieses Geschäftemachen hat ihn sehr gestört. Er hatte ein Feuer in seinem Herzen für seinen Vater und für die Heiligkeit des Tempels auf dem Berg Morija und für die ganze Stadt Jerusalem. Wir erinnern uns auch, dass er über diese Stadt weinte. Es tat ihm so weh, wie die Stadt aussah. Er wollte die Menschen sammeln, aber er hat gesehen, dass es nicht ging.

Etwas Ähnliches sehen wir in der Apostelgeschichte. Nachdem Jesus in Jerusalem gelitten hat und getötet worden ist, dann auferstanden und in den Himmel aufgefahren ist, wird der Heilige Geist dort ausgegossen. Die erste Gemeinde wird in Jerusalem geboren. Es ist ein großer Segen, dass Gott diese Stadt erwählt hat und auch die erste Gemeinde dort ins Leben gerufen hat. Alle Menschen in Jerusalem sahen, dass diese an Jeschua HaMaschiach gläubigen Menschen ganz besondere Menschen waren, weil sie völlig anders lebten als diejenigen, die nicht an Jeschua glaubten. Es war damals eine sehr schwierige Zeit. Die Stadt war unter der Herrschaft der Römer. Die Gläubigen teilten ihr Leben miteinander, der Friede Gottes war auf ihnen und sie waren erfüllt mit der Kraft Gottes. Es geschahen Wunder durch die Apostel. Hier sehen wir das Positive. Dann erfahren wir auch die andere Seite. Man verfolgte die ersten Gläubigen, man verfolgte die Apostel und steinigte Stephanus. Wir sehen immer diese zwei Aspekte, die mit Jerusalem verbunden sind. Sie ist geliebt und erwählt von Gott, aber es gibt immer einen Widerstand gegen Gott und solche Menschen, die ihm gehören. Das sehen wir auch stark im Alten Testament, wo die Propheten in dieser Stadt prophezeiten, und wie sie gelitten haben. Es gibt immer diese zwei Seiten.

Wir sehen auch in der Offenbarung in Kapitel 11, dass der Tempel gemessen wird, der in dieser Stadt gebaut wird. Einerseits heißt sie in der Offenbarung die Heilige Stadt und andererseits heißt sie Sodom und Ägypten. Sodom war die Stadt, wo man viel Sünde gegen Gott getan hat. Ägypten ist ein Symbol für die Knechtschaft. Jerusalem ist immer noch in der Knechtschaft, weil das Religiöse solch eine starke Macht in dieser Stadt ist – ob es das Christentum ist, wenn wir die alten Kirchen anschauen, ob es das Judentum ist, wenn wir die orthodoxen Juden betrachten oder ob es der Islam ist. Die Stadt ist unter dieser Knechtschaft. Sie wird «Ägypten» genannt. Sie ist wirklich die Heilige Stadt und sie ist Sodom und Ägypten.

Dann lesen wir in der Offenbarung von den zwei Zeugen, die in Jerusalem erscheinen und dort umgebracht werden. Am Ende der Zeit wird das noch geschehen. Wir sehen aber auch in Sacharja 12, wenn die Nationen gegen diese Stadt kommen, wird Gott genau zu diesem Zeitpunkt seinen Heiligen Geist ausgießen. Dadurch wird ein Geist des Flehens in der Stadt sein. Die Bewohner Jerusalems werden ihn sehen, in den sie gestochen haben. Das wird auch in den letzten Tagen in Jerusalem geschehen. Es wird einen heiligen Überrest aus ganz Israel geben, der zum lebendigen Glauben an den Messias kommt, genau in der schwierigen Zeit, in der das geistliche Haus aus lebendigen Steinen aufgebaut ist, das in der Offenbarung gemessen wird. Genau zu jener Zeit kommen die Nationen gegen diese Stadt und machen so vieles kaputt in ihr. Aber Gott zeigt seine Gnade und Treue, und wir werden sehen, wie viele Menschen zum Glauben kommen.

Sie weinen. Warum? Weil sie den Gekreuzigten sehen und plötzlich gehen ihnen die Augen auf, plötzlich wird der Schleier weggenommen und plötzlich erkennen sie ihn. Sie erkennen auch ihr eigenes Leiden, weil sie im leidensreichen Leben Israels irgendwie ein Spiegelbild von seinem Leiden sehen. So verstehen sie: Er ist wirklich unser Messias. Und es geschieht etwas ganz Gewaltiges in dieser dunklen Zeit. Genau das hat Paulus gesehen, als er geschrieben hat: «Es wird sein wie Leben aus den Toten»[11]. Und zuletzt sehen wir, dass auch in einer ganz schwierigen Zeit, wenn die Nationen gegen Jerusalem kommen und die Stadt plündern, der Herr wiederkommt und seine Füße auf den Ölberg stellt. So hat diese Stadt vom Anfang bis zum Ende eine gewaltige Bedeutung im Plan Gottes.

Deshalb ist sie in unserer Zeit so umstritten. Es gibt zum Beispiel kaum Botschaften als Repräsentanten der Nationen in Jerusalem, vielleicht eine oder höchstens zwei. Die Botschaften der Nationen sind in Tel Aviv. Warum? Weil man nicht anerkennen will, dass die ganze Stadt die Hauptstadt von Israel ist. Man denkt, dies sei etwas Politisches – ja, das ist es auch ein Stück weit, aber es ist vor allem auch etwas Geistliches. Das können wir im Psalm 2 lesen, der uns viel von dieser Wahrheit sagt.

Psalm 2, 1–12

Warum toben die Nationen und sinnen Eitles die Völkerschaften? Es treten auf Könige der Erde, und Fürsten tun sich zusammen gegen den HERRN und seinen Gesalbten: »Lasst uns zerreißen ihre

---

[11] Römer 11, 15

Bande und von uns werfen ihre Stricke!« Der im Himmel thront, lacht, der Herr spottet über sie. Dann spricht er sie an in seinem Zorn, in seiner Zornglut schreckt er sie: «Habe doch ich meinen König geweiht auf Zion, meinem heiligen Berg!»
Lasst mich die Anordnung des HERRN bekannt geben! Er hat zu mir gesprochen: «Mein Sohn bist du, ich habe dich heute gezeugt. Fordere von mir, und ich will dir die Nationen zum Erbteil geben, zu deinem Besitz die Enden der Erde. Mit eisernem Stab magst du sie zerschmettern, wie Töpfergeschirr sie zerschmeißen.» Und nun, ihr Könige, handelt verständig; lasst euch zurechtweisen, ihr Richter der Erde! Dienet dem HERRN mit Furcht, und jauchzt mit Zittern! Küsst den Sohn, dass er nicht zürne und ihr umkommt auf dem Weg; denn leicht entbrennt sein Zorn. Glücklich alle, die sich bei ihm bergen!

Dieser Psalm sagt uns so vieles, das relevant ist für unsere Zeit. Vieles ist unseren natürlichen Augen verborgen, aber in diesem Psalm wird es offenbar. Es geht eigentlich um den Gott Israels und seinen Messias, der seinen Thronplatz in dieser Stadt haben wird. Das wissen die dunklen Mächte, deshalb bekämpfen sie Gottes Plan. Sie denken, dass sie noch siegen werden und Gottes Plan nicht erfüllt werden würde. Denn wenn Jesus auf seinem Thron sitzt, bedeutet dies das Ende von allen anderen Mächten. Er wird regieren und alles Dunkle auf dieser Erde wird verschwinden. Das wissen diese dunklen Mächte und das spüren auch die Nationen. Man kann es nicht anders erklären. Wir können nicht wirklich erklären, warum man so viel über dieses winzige Land redet und über diese Stadt. Warum bekämpft man sie so? Ist es nur wegen der Juden? Oder gibt es noch etwas mehr? Und dieser Psalm sagt uns, um was es geht. Gott hat seinen Messias auf den Thron gesetzt in Jerusalem, in Zion. Dort wird er herrschen, dort wird sein Reich wirklich anfangen, wenn er wiederkommt, und es wird sich ausbreiten über die ganze Erde.

Gott warnt die Nationen in diesem Psalm: «Passt auf und habt eine richtige Beziehung zu mir und zu meinem Sohn. Küsst den Sohn, dann wird es euch wohlergehen!» Dies ist eine Wahrheit für heute, und wir werden es mehr und mehr erleben. Denn je stärker sich die Situation im Nahen Osten zuspitzt, desto mehr wird der Kampf um Jerusalem zunehmen. Deshalb haben die Moslems auf ihre Moschee, dem Felsendom, auf dem Berg Morija die goldene Kuppel gebaut. Unter dem Gebäude befindet sich der Fels, von dem man annimmt, dass Abraham den Isaak auf ihm zu opfern bereit war. Die Moslems sagen aber: «Nein, es war nicht Isaak, sondern Ismael, den Abraham bereit war zu opfern.» Jeder kann den Felsendom von Weitem sehen. Seine Kuppel ist wirklich mit reinem Gold bedeckt. Die Opferung von Ismael ist aber eine Lüge. Aber dort glänzt die goldene Kuppel und will sagen: «Ich bleibe hier für immer!» Aber sie wird nicht für immer hier bleiben, das ist klar! Hier an diesem heiligen Ort wird sicher der Thronplatz sein, auf dem Jesus seinen Thron in Jerusalem errichtet, wenn er zurückkommt.

Es ist wichtig, dass wir die Wirklichkeiten begreifen, wenn wir die Zeitungen lesen und die Nachrichten im Fernsehen anschauen, sodass wir nicht einfach den politischen Kommentaren der Welt zustimmen. Es geht um etwas viel Tieferes. Wir gehören Ihm und wir erwarten Ihn. Wir sagen «Maranatha – Herr komm!» Die Frage ist: Wo stehen wir, wo stehen die Christen heute? Die Gefahr ist, dass viele auf der verkehrten Seite stehen werden. Viele werden politisch denken und nicht weitersehen, was Gott vorhat. Sie werden nicht sehen um was es geht, was diese Stadt für Gott bedeutet und was sie uns bedeutet, denn unser König wird dort auf seinem Thron sitzen. Wir wollen ihm dienen und mit ihm zusammen sein. Es ist so wichtig, wenn wir für Israel beten, dass wir dies verstehen und entsprechend vor Gott bringen.

Es geht nicht um den sogenannten «Frieden jetzt» oder dass man die Stadt teilt und einen Teil zur Hauptstadt der Moslems, der Palästinenser, macht und der andere Teil die Hauptstadt der Juden ist. Es geht um etwas ganz anderes. Der Herr will unser Denken erneuern, sodass wir seine Gedanken und sein Herz verstehen. Er will endlich zum Ziel kommen mit dieser Stadt, die ihm so viel Mühe machte durch die ganze Geschichte, wo es einerseits das Göttliche und andererseits das Dunkle gab, das Gott widerstanden hat. Jetzt ist letzte Zeit, jetzt wird sich das Ganze zuspitzen. Jetzt wird es einfach ein Ort sein, den Gott gebrauchen wird, um zu trennen zwischen denjenigen, die ihm gehören und denjenigen, die einen verkehrten Weg gehen.

Im Dezember 2009 haben namhafte christliche Palästinenserinnen und Palästinenser verschiedener Kirchen ein Dokument «Kairos-Palästina» herausgebracht, das vom Ökumenischen Rat der Kirchen verbreitet und von den Kirchen in Jerusalem unterstützt wird. Wenn man das Dokument liest und keinen Durchblick hat, scheint es auf den ersten Blick sehr fromm zu sein. Sie zitieren Verse aus der Bibel und man könnte denken, dass es wirklich christlich sei. Die letzte Aussage ist, dass Jerusalem die Hauptstadt des palästinensischen Staates werden soll. Das haben die Kirchen gesagt! Israel wird in dem Dokument ganz dunkel beschrieben. Die Wahrheit ist jedoch, dass die Kirchen in der Altstadt unter israelischer Herrschaft mehr Frieden und mehr Freiheit haben, als sie jemals gehabt haben, zum Beispiel während der jordanischen Besetzung von 1948–1967. Sie sind aber verblendet. Man muss für sie beten!

Es gibt manche christliche Gläubige in den alten Kirchen in dieser Altstadt, die wirklich dem Herrn gehören. Wir hatten neulich ein erstaunliches Erlebnis. Wir hörten von einem Bischof aus der katholischen Kirche. Wir haben die Möglichkeit gehabt, mit ihm zu sprechen und haben ihn einmal in unsere

Gemeinde eingeladen, die eine messianische Gemeinde ist und sich ganz in der Nähe seiner Wohnung in der Altstadt befindet. Er hat unsere Einladung angenommen und ist wirklich gekommen. Als er hereinkam, haben wir ihn begrüßt, viele unserer Schwestern und Brüder haben ihm die Hand gegeben und gesagt: «Wir freuen uns, dass Sie zu uns gekommen sind.» Als er den Raum betrat, hat er gleich gesehen, dass vorne der Tisch für das Abendmahl gedeckt war. Da hat er zu uns gesagt: «Ich bin mit euch im Geist verbunden, aber ihr müsst verstehen, dass ich am Abendmahl nicht teilnehmen kann.» Wir waren damit einverstanden. Er war zum ersten Mal in einem messianischen, hebräischen, charismatischen Gottesdienst. Gott hat sein Herz bewegt. Etwas ist geschehen. Er hat die Predigt gehört. Es gab eine Übersetzung für ihn. Dann kam die Zeit, in der wir das Abendmahl nahmen. Ich segnete Brot und Wein. Dann kamen die Menschen nach vorne und plötzlich kam auch er nach vorne. Wir waren ganz überrascht. Als wir zu ihm kamen, empfing er Brot und Wein. Es ist ein Zeichen, dass es Menschen in den alten Kirchen gibt, denen Gott durch seinen Geist die Augen öffnen kann. Wir haben kein Wort mit ihm darüber gesprochen. Wir hatten ihn verstanden. Er ist Bischof und kam mit einer Nonne. Wir waren ganz still und überrascht.

Später hatten wir noch einmal ein Gespräch mit ihm. Mein Bruder und ich saßen etwa 1 ½ Stunden im Gespräch zusammen mit ihm. Er erzählte uns von seinem Weg. Wir merkten, er ist wirklich ein gläubiger Mann, der Jesus lieb hat. Er hat uns etwas erzählt von seinem Leiden in seiner eigenen Kirche. Dann haben wir ihn noch einmal eingeladen zu einem unserer Gottesdienste an den Herbstfesten. Er kam wieder, es war auch wieder ein Schabbat, an dem wir das Abendmahl nahmen. Ich dachte, dass er dieses Mal nicht am Abendmahl teilnehmen würde. Er war während des ganzen Gottesdienstes unter uns, und unser Gottesdienst ist nicht kurz, er kann bis zu drei Stunden dauern. Dann kam die Zeit für das Abendmahl, und er kam wieder nach vorne und nahm daran teil. In unserem persönlichen Gespräch mit ihm hatten wir ihn darauf aufmerksam gemacht, dass es für ihn als eine bekannte Persönlichkeit eine Gefahr sein kann, wenn er an unserem Abendmahl teilnimmt. Es ist dann tatsächlich auch etwas passiert. Eine Frau, die nicht in Israel wohnt und von seiner Teilnahme an unserem Abendmahl hörte, ist zum Vatikan gegangen und hat dort berichtet …

Ich erzähle diese Geschichte einfach, weil Gott sein Volk hat, wenn auch viele in Dunkelheit leben in dieser Altstadt. Es ist so wichtig, dass wir beten. Wir sind die einzige messianische Gemeinde in der Altstadt. Alle anderen Gemeinden sind in der Neustadt. Wir spüren den Puls und die Spannung in dieser Stadt. Es ist so wichtig, dass wir für die Stadt Jerusalem beten, dass der Wille Gottes getan wird und dass Gott zu seinem Ziel kommt.

Ich habe schon früher darauf hingewiesen, dass Daniel von der Verheißung wusste, dass das Exil in Babylon nach 70 Jahren zu Ende gehen würde, dennoch betete er und tat stellvertretend für das Volk Buße. Es ist so wichtig, dass wir das für diese Stadt tun, weil es Gottes Herzensanliegen ist. Er liebt diese Stadt und will hier verherrlicht werden. Wir sollen Anteil haben an dem, was der Herr tun wird. Der Herr hat mir diese Botschaft aufs Herz gelegt, dass jeder, der sie liest, auch die Stadt Jerusalem im Gebet zu Gott bringt. Wir werden in der nächsten Zukunft sehen, dass der Druck um Jerusalem zunehmen wird. Die Nationen werden nicht auf der Seite Israels stehen. So steht es in der Schrift, wie wir im Psalm 2 gelesen haben. Sie werden gegen Jerusalem kommen, aber trotzdem will Gott sein Werk dort in Erfüllung bringen. Das wird er auch tun, selbst wenn es dunkel ist, auch wenn es große Widerstände gibt. Der Plan unseres Gottes wird durchgesetzt und wird in Erfüllung kommen. Wir sollen alle Anteil an diesem wunderbaren Werk haben.

AMEN

PSALM 72

Von Salomo.

Gott, gib dem König deine Rechtssprüche und deine Gerechtigkeit dem Königssohn, dass er dein Volk richte in Gerechtigkeit und deine Elenden nach Recht.
Es mögen dem Volk Heil tragen die Berge und die Hügel Gerechtigkeit.
Er schaffe Recht den Elenden des Volkes; bringe Hilfe den Kindern des Armen, und den Unterdrücker zertrete er.
Und er möge lange leben, solange die Sonne scheint, solange der Mond leuchtet, von Generation zu Generation.
Er komme herab wie ein Regen auf die gemähte Flur, wie Regenschauer als Befeuchtung auf das Land.
In seinen Tagen wird der Gerechte blühen, und Fülle von Heil wird sein, bis der Mond nicht mehr ist.
Und er möge herrschen von Meer zu Meer und vom Strom bis an die Enden der Erde.
Vor ihm sollen sich beugen die Bewohner der Wüste, und seine Feinde sollen den Staub lecken.
Die Könige von Tarsis und den Inseln sollen Geschenke bringen, es sollen Tribute entrichten die Könige von Scheba und Sabab.
Und alle Könige sollen vor ihm niederfallen, alle Nationen ihm dienen.
Denn retten wird er den Armen, der um Hilfe ruft, und den Elenden und den, der keinen Helfer hat.
Er wird sich erbarmen des Geringen und des Armen, und das Leben der Armen wird er retten.
Aus Bedrückung und Gewalttat wird er ihr Leben erlösen, denn ihr Blut ist kostbar in seinen Augen.

Und er soll leben, und von dem Golde Schebas wird man ihm geben; und man soll beständig für ihn beten, den ganzen Tag ihn segnen.
Überfluss an Getreide soll im Land sein; auf dem Gipfel der Berge soll es wogen; wie der Libanon sei seine Frucht; sie sollen hervorblühen aus der Stadt wie das Kraut der Erde.
Sein Name soll ewig sein; vor der Sonne soll aufsprossen sein Name; und in ihm wird man sich segnen; alle Nationen sollen ihn glücklich preisen.
Gepriesen sei Gott, der HERR, der Gott Israels. Er tut Wunder, er allein!
Und gepriesen sei sein herrlicher Name in Ewigkeit! Seine Herrlichkeit erfülle die ganze Erde! AMEN, JA AMEN.
Es sind zu Ende die Gebete Davids, des Sohnes Isais.

Echad Verlag

Viele Christen ahnen zwar etwas von der tiefen Bedeutung Israels für die ganze Welt, verstehen aber nicht, was gegenwärtig mit dem jüdischen Volk passiert. Das Geschehen ist zu verwirrend und nicht erfassbar durch eine humanistisch-soziale Berichterstattung der Medien oder durch die Äusserungen des politischen Mainstreams unserer Tage.

Den Schlüssel zum Verständnis bildet die Bibel, insbesondere der erste Teil, das Alte Testament, zu dem jüdische Menschen eine besondere Beziehung haben. Durch ihre Verwurzelung im Judentum und durch ihren Glauben an Jeschua bilden die messianischen Juden eine wunderbare organische Brücke zwischen Israel und der Gemeinde Jesu und sind damit besonders gut in der Lage, das Verständnis ihrer Glaubensgeschichte zu vermitteln.

Ihnen gibt der echad-Verlag eine Stimme. Der Dienst des echad-Verlags erfolgt in enger Zusammenarbeit mit Benjamin und Ruben Berger, Jerusalem, und mit dem Verein Gemeindehilfe Israel.

Die Offenbarung

...des Johannes im Licht des Lammes

Der Autor geht mit dem Leser behutsam durch die Offenbarung und erklärt sie einfach und unkompliziert. Er versteht es, schwer verständliche Aussagen durch verwandte Textstellen im Alten Testament zu erhellen. Es ist, als käme der Verfasser uns entgegen aus dem Dunkel einer dreitausendjährigen Geschichte seines Volkes. Durch den tiefen Ernst der Predigten hindurch spürt der Leser das liebende und erbarmende Herz Gottes, der sein Volk vorbereiten, warnen und retten will.
In diesem Buch kreuzen sich die Wege Gottes mit den Wegen der Menschen. Das in der Offenbarung beschriebene Ziel für die Braut Jesu und die irdische Wirklichkeit der Gemeinde in der Gegenwart verleihen dem Buch eine einzigartige Spannbreite, Tiefe und Vielfalt. Der Leser erkennt Jeschua in seiner göttlichen Majestät. Die Bereitschaft wächst, ihm in Liebe, Gehorsam und Glauben zu folgen.
Die Ereignisse, die den Globus immer stärker erschüttern, zeigen, dass es an der Zeit ist, sich auf den letzten Abschnitt der Heils- und Weltgeschichte vorzubereiten, auf das grösste Geheimnis hier auf Erden: die reale Vollendung der Braut Jeschuas.

215 Seiten, Format 13.5 x 20.5 cm
1. Auflage 2012, gebunden mit Schutzumschlag
ISBN 978-3-905518-12-2

Der Weg, der gute Weg

...unseres Lebens mit Jeschua im Land Israel

«Es geht bei dieser Biographie um sehr viel mehr als um die abenteuerliche Geschichte zweier Brüder. Beide entstammen einem priesterlichen Geschlecht. Die jüdische Bundeslade als Zeichen der realen Gegenwart Gottes musste zur Zeit von König David auf den Schultern der Priester nach Jerusalem hinaufgetragen werden. Wie ein roter Faden zieht sich diese priesterliche Berufung durch die verschlungene Lebensgeschichte der beiden hochbegabten Brüder. Von New York führt sie ihr Weg nach Europa und schliesslich nach Israel... Heute leben sie in Jerusalem in einer kleinen Kommunität und leiten im Zentrum der Altstadt eine international bekannte messianische Gemeinde. Auf Grund ihrer priesterlichen Berufung ist ihnen eine Schlüsselrolle im Land der Väter zugefallen... Leben und Dienst der beiden Brüder haben eine stark prophetische Dimension.

208 Seiten, Format 13.5 x 20.5 cm
1. Auflage 2010, gebunden mit Schutzumschlag
ISBN 978-3-905518-11-5

Der Jesus-Mann

Biographie – Kurt Müller

Kurt ist ein Original. Gott schafft nur Originale. Doch manchmal scheint er besonders originelle Originale zu schaffen.

Wir haben einen grossen, geheimnisvollen und herrlichen Gott. Davon redet Kurt Müller in seinen Lebenserinnerungen in einer klaren, bildreichen, humorvollen Sprache. Offen und ehrlich erzählt er von seinen Schlappen, Enttäuschungen und Fehlern. Doch noch viel lauter und intensiver bezeugt er die Zeichen und Wunder, die Führungen und Durchhilfen, die er in seinem langen Leben erfahren hat.

149 Seiten, farbig bebildert
Format 13.5 x 20.5 cm
1. Auflage 2007, gebunden mit Schutzumschlag
ISBN 978-3-905518-09-0

Die heiligen Versammlungen Israels

Zeiten und Zeitpunkte des Vaters – Benjamin Berger, Jerusalem

Als Menschen unserer Zeit kennen wir das Verlangen nach Oasen in einem Leben mit ständigen Herausforderunen im Beziehungsfeld und im Erwerbsleben. Der Schöpfer unseres Lebens hat für sein Volk Hilfe geschaffen. In seiner Liebe und Weisheit hat er angeordnet, dass während des Jahres immer wieder Feste den Alltag unterbrechen sollen, Festtage, die Ruhe, Licht und Freude schaffen. Das gilt es zu entdecken!

126 Seiten
Format 13.5 x 20.5 cm
1. Auflage 2007, gebunden mit Schutzumschlag
ISBN 978-3-905518-08-2

Bist du Gottes Sohn, so steig vom Kreuz herab!

Julia Blum, Jerusalem

Nicht nur in der Gegenwart, sondern durch das ganze christliche Zeitalter ist das Verständnis für Gottes Beziehung zu Israel für die Welt und die Kirche weitgehend verschleiert geblieben. Daher haben beide Gott und Israel falsch eingeschätzt, was über die Jahrhunderte zu einer abscheulichen Verfolgung und Ermordung von Massen von Juden führte und eine verdrehte Sicht von Gottes Wesen und seinen Wegen mit Israel bewirkte. Hätte die Kirche das wahre Bild Jeschuas gesehen und seine Liebe verstanden, die sich am Kreuz offenbart hat, dann hätte sie Gottes Umgang und Weg mit Israel viel besser begreifen können.

191 Seiten, Format 13.5 x 20.5 cm
1. Auflage 2005, gebunden mit Schutzumschlag
ISBN 978-3-905518-07-4

Informationen zum Verein Gemeindehilfe Israel

Der Verein Gemeindehilfe Israel wurde im Jahre 1982 gegründet und hat eine doppelte Ausrichtung:

• *Das erste Anliegen ist die geistliche und materielle Unterstützung der messianischen Gemeinden in Israel.*

Der Verein ist vor allem ein **Zusammenschluss von Betern und Spendern.** Die Spendengelder werden monatlich nach Israel überwiesen. Seit der Vereinsgründung arbeiten wir mit den Brüdern Benjamin und Ruben Berger, Gemeindeleiter in Jerusalem, zusammen. Sie sind mit der Situation in Israel vertraut und leiten die Spendengelder über die Verantwortlichen von Gemeinden und Werken im ganzen Land an Hilfsbedürftige weiter. So kann vielen Notleidenden wirksam geholfen werden. Seit einigen Jahren übernehmen wir auch für einzelne Familien ein- bis zweijährige Patenschaften.

• *Das zweite Anliegen ist die Förderung des Verständnisses für Gottes Absichten mit Israel durch Veranstaltungen und Publikationen in der Schweiz.*

Die Vereinsmitglieder treffen sich einmal jährlich zur Hauptversammlung. Zwischendurch werden sie vom Vorstand, der die Arbeit verantwortlich leitet, durch Rundbriefe informiert und auf Gebetsanliegen hingewiesen. Mit Vorträgen und Seminarien und Verteilschriften fördert der Verein die Verbreitung des Zeugnisses der messianischen Juden und der biblischen Sicht für Israel insbesondere in der Schweiz. Viele Vereinsmitglieder arbeiten dabei aktiv mit.

Webseite: www.gemeindehilfe-israel.ch
Postadresse: Gemeindehilfe Israel, Postfach, CH-3125 Toffen

Bestellmöglichkeiten

Als downloads unter www.gemeindehilfe-israel.ch
oder als kostenlose Schriften sind erhältlich:

Die Einheit Gottes
Ruben Berger
– und die Einheit Jesu und seiner Gemeinde

Habt ihr mein Volk lieb?
Christoph Meister
Eine endzeitliche Anfrage an die Christenheit

Prophetische Zeichen zur Wende der Zeiten
Benjamin Berger
Heimkehr nach und Aufbruch in Israel

Die Zukunft Jerusalems
Ruben Berger
Menschliche Sackgassen – Göttliche Wege